# CATALOGUE
## DES LIVRES
### DE LA BIBLIOTHEQUE
#### DE FEU M. PICARD.

CONTENANT environ cent Manuscrits sur vélin, décorés de Miniatures & de beaucoup d'articles rares & singuliers.

*LA Vente sera annoncée par de nouvelles Affiches, & l'on délivrera la Table des NOMS DES AUTEURS, ainsi que la feuille d'indication pour chaque vacation, huit jours avant la Vente, qui commencera le 31 Janvier 1780, à l'Hôtel d'Aligre, rue Saint Honoré.*

## A PARIS,

Chez MÉRIGOT, l'aîné, Libraire, Quai des Augustins, près le Couvent.

## M. DCC. LXXX.

# AVERTISSEMENT.

Feu M. Picard s'est occupé depuis trente ans, non pas à se former une Bibliothéque dans tous les genres ; il s'est contenté, en satisfaisant son goût, de rassembler une quantité de Manuscrits précieux, & de Livres rares & singuliers, dont plusieurs ne se trouvent pas même dans les Catalogues des plus célèbres Amateurs.

Cette Collection précieuse auroit exigé de notre part des détails plus circonstanciés, mais comme nous aurions été obligés de répéter ce que plusieurs de nos Confreres ont déjà dit sur la plupart de ces objets, nous nous sommes contentés de nous servir de renvois aux Numéros de la Bibliographie instructive, & du Catalogue du Cabinet de M. Gaignat, disposé par M. de Bure le jeune.

L'on trouvera quelques notes de feu M. Picard, que j'ai laissé subsister dans leur entier.

Les Curieux & les Amateurs, qui ont la passion de ces sortes d'Ouvrages, trouveront dans ce Catalogue de quoi satisfaire leur goût & enrichir leurs Bibliotheques.

# ORDRE

## DES FACULTÉS
## ET DIVISIONS
## DU PRÉSENT CATALOGUE.

# THÉOLOGIE.

## ÉCRITURE SAINTE.


*Textes & Versions de l'Ecriture Sainte*, N°. 1

LITURGIES, 21

*Traités singuliers de la nature des Anges*, 52

*Traités singuliers de la Vierge, de l'Incarnation de J. C. de sa Passion & de sa Mort*, 54

*Traités singuliers des Saints, de leur culte, & des peines de l'Enfer*, 61

THÉOLOGIE MORALE.

*Traités singuliers & moraux des actions humaines, des jeux, des divertissemens, &c.* 67

*Traités moraux des Sacrements*, 81

*Théologie Parænétique, ou des Sermons,* 82

*Théologie mystique ou contemplative*, 85

*Traités singuliers des Superstitions*, 114

CALVINISTES, 119

*Théologie Hétérodoxe*, 125

*Traités singuliers hétérodoxes, contre l'Eglise Romaine,* 130

Écrits des Anti-Trinitaires ou Sociniens & des
    Préadamites,               N° 147
Traités singuliers qui contiennent des erreurs par-
    ticulieres,                151


# JURISPRUDENCE.


Droit Canonique, Regles & Constitutions des
    Religieux, &c.               159
Droit François & étranger,          193


# SCIENCES ET ARTS.

## PHILOSOPHES


Anciens & Modernes,          208
Logique, Morale & Economie.      214
POLITIQUE,          243
METAPHYSIQUE,       252
Traités singuliers des Esprits & de leurs opéra-
    tions, de la Magie, des Démons, Sorciers,
    & Enchanteurs, &c.         255
PHYSIQUE,          274
HISTOIRE NATURELLE.
Histoire Naturelle des Métaux, des Pierres,
    & Pierreries,          279
Histoire Naturelle des Eaux, Fleuves, Fontaines,
    Bains, Eaux-minérales & de la Mer,   286
Histoire Naturelle; Traité d'Agriculture, & des
    choses Rustiques.         293
Histoire Naturelle des Plantes, des Arbres, des
    Fruits, & des Fleurs,       296

vj

*Histoire Naturelle des Animaux, des Insectes & des Coquillages,* N°. 311

CATALOGUE D'HIST. NATURELLE, *de Tableaux, Deſſins, Eſtampes, &c.* 320

MÉDECINE.

*Traités ſinguliers de Médecine, de la Santé, de la Boiſſon, de la Cuiſine, des maladies des Femmes, de la Peau, des Venins, des Eunuques, des Hermaphrodites, & des Géants,* 339

CHIRURGIE, PHARMACIE, 384

CHYMIE ET ALCHYMIE, 391

MATHÉMATIQUES.

ASTRONOMIE, 413

ASTROLOGIE.

*Optique, Méchanique & Muſique,* 419

ARTS, 442

*Art de l'Ecriture, des Chiffres, & de la Science de l'Imprimerie,* 447

*Arts de la Peinture, de la Gravure, & de l'Architecture,* 469

ART GYMNASTIQUE.

*Traités du maniement des armes, des Chevaux, de la Chaſſe, des Jeux, & de quelques Arts Méchaniques,* 477

# BELLES-LETTRES.

GRAMMAIRES ET DICTIONNAIRES, 495

POÈTES GRECS, 507

*Poëtes Latins, Anciens & Modernes,* 512

*Poëtes Macaroniques,* 522

*Poëtes François, depuis le premier Age juſqu'à préſent,* 524

[vij

POÉSIE FRANÇOISE                                        576
*Poéfie Françoife Dramatique*,                          585
POËTES ITALIENS ET ESPAGNOLS,                           587
MITHOLOGIE,                                             597
ROMANS GRECS, LATINS ET
    FRANÇOIS,                                           600
ROMANS DE CHEVALERIE,                                   639
ROMANS SATYRIQUES ET COMI-
    QUES,                                               650
ROMANS ITALIENS,                                        671
ROMANS ESPAGNOLS,                                       687
CONTES FRANÇOIS ET ITALIENS,                            695
*Facéties, Plaifanteries, Hiftoires plaifantes &*
    *récréatives*,                                      702
PHILOLOGUES.
*Traités généraux de la Critique, Satyre,*
    *Apologie, &c.*                                     727
*Traités Critiques & Apologétiques pour & contre*
    *l'un & l'autre Sexe*,                              759
EMBLÊMES ET PROVERBES,                                  869
POLYGRAPHES,                                            894
DIALOGUES ET ÉPISTOLAIRES,                              899

# HISTOIRE.

GEOGRAPHIE ET VOYAGES,                                  913
CHRONOLOGIE ET HISTOIRE
    UNIVERSELLE,                                        920
HISTOIRE ECCLÉSIATIQUE ET DES
    PAPES,                                              925
HISTOIRE MONASTIQUE.
    VIES DES SAINTS, &c.                                936

viij

HISTOIRE DES HÉRÉSIES ET DES HÉRÉTIQUES, 959

HISTOIRE PROPHANE et HISTOIRE MODERNE, 972

HISTOIRE DE FRANCE GÉNÉRALE ET PARTICULIERE, 979

HISTOIRE DES PROVINCES ET VILLES DE FRANCE, 1007

HISTOIRE D'ESPAGNE, D'ALLEMAGNE, DE HOLLANDE, DES PAYS-BAS, &c. 1025

HISTOIRE D'ANGLETERRE, DES PAYS SEPTENTRIONAUX, &c. 1036

HISTOIRE GÉNÉALOGIQUE ET HÉRALDIQUE, 1048

ANTIQUITÉS, 1058

HITOIRE LITTÉRAIRE, 1078

BIBLIOGRAPHIE ou CATALOGUES DE LIVRES, 1082

VIES DES HOMMES ILLUSTRÉS, 1129

EXTRAITS HISTORIQUES, 1142

LIVRES EN LANGUES ETRANGERES, 1152

CATALOGUE

# CATALOGUE
## DES LIVRES
### DE LA BIBLIOTHEQUE
#### DE FEU *M. PICARD.*

## THEOLOGIE.

### ÉCRITURE SAINTE.

*Textes & Versions de l'Écriture-Sainte.*

1 BIBLIA SACRA , *Codex MSS. in membranis seculi XIV. in-8.* — 10.—19.

2 Biblia Sacra, *Codex MSS. in membranis seculi XV. in-8.* — 7.—4.

3 Biblia Sacra, *Codex MSS. in membranis, in-fol.* rel. en cuir de Russie , avec fil. d'or. — — 36 —.

4 Th. James , Bellum Papale , *sivè concordia* discors Sixti V. & Clementis VIII. circà Hieronymianam editionem. *Londini , 1600, in-4.* parch. — — 2 —

5 Commentaire sur les Pseaumes de David , avec le texte, *MSS. sur vélin en deux colonnes,* 72 — "

A

*décoré de lettres majuscules & rubriques en or & en couleur, grand in-fol. relié en cuir de Russie.*

13 — 9.   6 La Sainte Bible en François, translatée selon la pure & entiere traduction de S. Jerôme, *Anvers, 1551. in-fol. Goth.*

18 — 4   7 Le Livre de la Sagesse de Salomon. — Le Livre de Clergie en Roumans, qui est l'image du monde, en vers, *MSS. sur vélin, du XIV. siécle in 8. dans son ancienne reliure.*

26 — 6   8 Exposition en Paraphrases de Bede sur le livre des Proverbes de Salomon. Cet Ouvrage est divisé en deux Parties ; le troisieme livre est terminé par quatre Oraisons, intitulées *Missa pro Sacerdotibus, &c.* Il y a dans le même Vol. un Ouvrage sur la construction du Temple de Salomon. *MSS. sur vélin, in-4. V. M. se trouve à la tête de ce vol. une note de feu M. Picard, par lequelle il annonce que ce MSS. est du X. siecle.*

4 — 9   9 Joan. Mariæ Velmatii, veteris & novi Testamenti opus singulare, ac planè divinum. *Venet. 1538, in-4. fig. en bois, parch.*

6 — 3   10 Apocalipsis S Joannis Apost. *Codex MSS. in membranis seculi XIII. cum notis interlinearibus, in-8. M. V.*

31 — ..   11 L'Apocalypse de S. Jehan, *MSS. sur vélin, avec miniatures, in-fol. dans sa reliure en bois.*

48 — 19   12 L'Apocalypse de S. Jean l'Evangéliste, traduite en François, avec des interprétations, *MSS. du XIV. siecle, en deux colonnes, sur vélin, avec miniatures, parties en grisaille & rehaussées en or, in-4. M. R.*

6 — 1   13 Argumenta singulorum ( nempè 89 ) capitum generalia quatuor Evangelistarum hoc in libello carmine solutâ oratione & imaginibus descripta continentur, *Antuerpia, J. Ghelen, 1533, in-4. M. C.*

14 Traité de la situation du Paradis Terrestre, par P. D. Huet. *Paris*, 1691, *in-12. fig. en feuille.* ————— 2 - 19

15 Differtation fur l'Arche de Noé, fur l'hé-mine & la livre de S. Benoît, par J. le Pelle-tier. *Rouen* 1700 *, in-12. fig.* ————— 2 - 13

16 Lud. Montalti Tractatus reprobationis fenten-tiæ Pilati. *Par. Mich. le Noir*, 1496, *in-4. Rare.* 16 - .

( Voyez la Bibliographie inftructive, N°. 174.)

17 Explications fur plufieurs textes difficiles de l'Ecriture, par D. R. B. de la Congr. de S. M. *Paris* 1630 , 2 *vol. in-4. fig.* ————— 4 - 2

18 Quadrains hiftoriques de la Bible. *Paris*, 1558 , *fig.* ———— Tableaux de la Paffion. *Metz*, 1664 , 2 *vol. in-16.* ———— 3 - .

19 Alberti Magni de Muliere forti. *Colon.* 1499. *in-4.*

20 Le livre de la Femme forte , déclaratif du Cantique de Salomon , & proverbe au cha-pitre final, *Mulierem fortem quis inveniet ?* fait & compofé par un Religieux de Fontevrault, à la requête de fa fœur, Religieufe dudit Or-dre. *Paris , Simon Voftre*, 1501 , *in-8. Goth.* 27 - 19

( Ouvrage fingulier & peu commun. ) *Double* 16 - 4

## LITURGIES.

21 La Meffe en Grec, *MSS. fur velin, in-8.* - 6 - 2

22 Miffale Romanum vetus , *Codex MSS. in membranis feculi* XIII. *in-fol.* ———— 6 - 8

23 Miffale Ecclef. Rothomagenfis, *Codex MSS. in membranis litteris Gothicis , in-fol.* M. R. — 19 - .

24 Miffale Monachorum S. Benedicti , *Codex* 11 - .

*MSS. in membranis feculi* XIV. *cum notis musicalibus*, *in*-8. *dans fon ancienne reliure.*

9 -- . 25 Rituale pro celebrandis horis Canonicis & Miffa, ad ufum Canonicorum regularium, Codex MSS. in membranis, *in*-8. M. V.

15 -- 10 26 Breviarium Parifienfe, Codex MSS. in membranis litteris Gothicis exaratus, *in*-8. V.

9 -- . 27 Breviarium Francifcanorum, Codex MSS. in membranis, feculi XV. *in*-8. M. C.

41 -- . 28 Heures anciennes *MSS. fur vélin*, *en lettres Gothiques*, *décoré de* XIV *miniatures*, *& d'ornements autour des pages*, *très-bien confervées*, *in*-4. M. BL.

85 -- 19 29 Heures anciennes, *MSS. fur vélin*, *en lettres Gothiques*, *décoré de* LXXXIII. *miniatures*, *dont* XXVI. *grandes*, *& d'ornements autour des pages*, *très-bien confervés*, *in*-4. *dans fon ancienne reliure en bois.*

115 -- 19 30 Heures anciennes, *MSS. fur vélin*, *décoré de* XIX *miniatures*, *& de nombre de lettres initiales*, *tant en miniatures que coloriées & or. in*-4. *dans fon ancienne reliure.*

( Ces Heures furent écrites par les ordres de très-Haute & très-Noble Dame Madame Jeanne, Comteffe d'Eu & de Guines, l'an 1311. )

132 -- . 31 Heures, *MSS. fur vélin*, *exécuté en lettres rondes*, *fous le regne de François premier*, *décoré de deux belles miniatures*, *de lettres & autres petits ornemens peints en or & en couleurs. in*-8. M. BL. dent. d'or.

48 -- . 32 Heures, *MSS. fur vélin*, *en lettres Gothiques*, *décoré de* XLVIII. *miniatures & d'ornemens autour des pages*, *in*-4. *reliés en velours cramoifi.*

33 Heures, *MSS. sur vélin décoré de* VII. *miniatu-*
res, & *d'ornemens autour des pages*, *très-bien
conservés*, *in-4. rel. en velours violet*. ——— 25 — 1

34 Heures, *MSS. sur vélin en lettres Gothiques,*
*décoré de* XIV. *grandes &* XVI. *petites miniatures très-bien conservées*, *in-8. dans son ancienne
reliure à compartimens*. ——— 161 — .

35 Heures, *MSS. sur vélin, décoré de* XXX. *miniatures
rehaussées en or*, *in-8. reliure en velours pourpre*. — 137 — ..

36. Heures, *mss. sur vélin en lettres Gothiques, très-
bien conservé & décoré d'un Calendrier & de* XX. *belles miniatures*, *avec des cartouches dans lesquels
font exécutées différentes figures d'hommes &
d'animaux*, *in-4. rel. en velours violet*. ——— 95 — .

37 Heures, *MSS. sur vélin, en lettres Gothiques,
très-bien conservé, & décoré de* XXXIX. *belles
miniatures*, *avec des cartouches dans lesquels
font pareillement exécutés différents sujets d'Histoire Naturelle, in-12. de forme quarrée, relié en
bois*, *couvert de velours verd*. ——— 558 — .

38 Heures, *MSS. sur velin*, *très-bien conservé &
décoré de* LIII. *miniatures*, *avec des cartouches
dans lesquels font exécutés différents animaux,
in-8. rel. en velours noir*. ——— 78 -

39 Heures, *MSS. sur vélin, décoré de* XVI. *miniatures*, *in-8.* V. M. dent. d'or. ——— 95 — .

40 Heures, *MSS. sur vélin, décoré de* XIII. *miniatures*, *avec des cartouches*, *in-4.* V. ——— 20 — .

41 Heures, *MSS. sur vélin, décoré de* XVI. *miniatures*, *avec des cartouches*, *très-bien conservés,
in-8. dans son ancienne reliure en veau*, *re-
couvert en cuivre*. ——— 32 - 15

42 Heures, *MSS. sur vélin, décoré de* XVIII. *miniatures*, *avec des cartouches*, *in-4. dans son ancienne reliure en velours cramoisi*. ——— 20 — ..

43 Heures, *MSS. fur vélin , orné de* LX. *minia-*
*tures & lettres initiales en or , in-4.*

Ce Manuscrit est du milieu du xv. siecle.

44 Heures, *MSS. fur vélin , en lettres Gothiques,*
*avec miniatures , in-16 , dans fa reliure en bois.*

45 Heures, *MSS. fur vélin, en lettres Gothiques,*
*bien confervé & décoré d'un Calendrier & de* xxx.
*miniatures , avec des cartouches , in-8.* M. R.

46 Heures à l'ufage de Rome, *imprimées en* 1518,
*pour Simon Voftre , in-8. avec des figures & des*
*cadres à chaque page , très-bien gravées en*
*bois.* M. R.

47 Heures particulieres à l'ufage des Femmes enceintes. *Paris ,* 1657, *in-8. fig.* M. R. —L'Office
de la Ste. Vierge, enrichi de figures deffinées
par Stella, & gravées à l'eau forte par A. Boffe.
*Paris ,* 1646. *in-*12. M. N.

48 Heures de Notre-Dame, tranflatées de Lat. en
Franç. & mifes en rhimes, additionnées de plufieurs Chants royaulx, figurés & moralifés fur
les Myftères miraculeux de la Paffion de Jefus-
Chrift, par Pierre Gringoire. *Jean Petit, fans*
*date , in-4. Goth. fig. en bois.*

49 Le Pfautier de Notre-Dame felon S. Ihérô-
me , tranfl. de Lat. en Franç. par Bonaven.
Cardiner, *Paris ,* 1501 , *in-4. Goth. parch.*

50 Prieres durant la Sainte-Meffe , & Vêpres,
*MSS.* de Jean Darbiffe, Maître Ecrivain , en
1702, *in-4.* M. R.

51 M. Ant. Marfilii Hydragiologia five de Aqua
Benedicta. *Roma ,* 1586, *in-4.*

*Traités singuliers de la nature des Anges.*

52  Le Livre des SS. Anges , qui traite de la hautesse & excellence de la glorieuse Compagnie angélicale , compilé par frere François Ximenès , de l'Ordre des Freres Mineurs, *MSS. sur vélin , en lettres Gothiques , avec miniatures , in-fol. M. BL.* —————— 104 — 19

53  Le Livre des SS. Anges , qui contient plusieurs beaulx Traités , compilé par François Ximenès. *Paris , Mich. le Noir , 1518, in-8. Goth.* ————— 6 —.

*Traités singuliers de la Vierge , de l'Incarnation de J. C. de sa Passion & de sa Mort.*

54  Atlas Marianus sivè de imaginibus Dei-paræ per orbem Christianum miraculosis, Aut.Guil. Gumppenberg , *in-*12. 2 —.

55  Le livre de la Nativité de N. S. Jesus-Christ , de sa Vie , de sa Passion, de sa Résurection , & d'aultres belles & dévotes Matieres ; lequel par le commandement & Ordonnance de mon très-honouré & doubte Seigneur Messire Bauduin de Launoy, Seigneur de Moulembais , de Solre & de Torcoing , Conseiller , & second Chambellan du Roi des Romains , & de Monseigneur l'Archiduc Philippe son fils. Thierion Anseau, son très-humble & petit serviteur & Escripvain, a dilligamment grossé ce présent Livre , appellé Vita Christi , faicte & compillée par Notable Clerc , nommé Jehan Mansel , d'Hesdin en Artois ; *MSS. sur vélin , en lettres Gothiques, très-bien conservé , décoré de* LI. *belles minia-* 799 — 19

*tures* , 2 *vol. in-fol.* M. C. *doublé de* M. B. *dent. d'or.*

13 — 4   56 Speculum Paſſionis D. N. J. Chriſti. *Nurem-*
*bergen.* 1507. *in-fol. fig. en bois.*

2 — .   57 Magnentii Rabani Mauri de Laudibus Sanctæ
Crucis. *Auguſt. Vindel.* 1605. *in-fol. fig.*

2 — 10   58 La Vie, Faictz, Paſſion, Mort, Réſurrection
& Aſcention de N. S. Jeſus-Chriſt en Vers, par
Mich. Foucqué, *Paris.* 1574. *in-8. parch.*

34 — .   59 La Paſſion de Jeſus-Chriſt en vers, *MSS. ſur*
*vélin, avec miniatures en camaieu noir & blanc,*
*rehauſſées en or, in-8. dans ſon ancienne reliure,*
*D. S. T.*

* 84 — .   60 Fr. Collii de Sanguine Chriſti , libri V. in
quibus de illius naturâ, effuſionibus ac miracu-
lis copioſè diſſeritur. *Mediolani, è Collegii Am-*
*broſiani Typographiâ ,* 1617. *in-4.* M. R.

*Traités ſinguliers des Saints , de leur culte ,*
*& des peines de l'Enfer.*

61 Les douze Regles fondamentales de la Compagnie des Confreres Pénitents , inſtitués à
Paris ſous le nom & Adoration du Très-Sainct
Crucifix. *Paris , en* 1585 *, MSS. original ſur*
*vélin , in-4. avec une miniature au commence-*
*ment.*

62 De la créance des Peres , ſur le fait des
Images. = La foi fondée ſur les Saintes Ecritures, contre les nouveaux Méthodiſtes.=Apo-
logie des Egliſes réformées, où eſt démontré
la néceſſité de leur ſéparation d'avec l'Egliſe
Romaine , par Jean Daillé. *Charenton,* 1634,
& 1641. *in 8. parch.*

9 — .   63 Traité de l'origine des miracles du pain
beni

* *Avec le* N.º 118 *adjugé* 84.ᵗ

beni à l'invocation de S. Nicolas de Tolentin, trad. de l'Ital. par R. P. Rabbi, *Paris* 1622. = La Cordeliere, ou Trésor des Indulgences du Cordon de S. François, par le R. P. Aubespin. *Paris*, 1610. = Privilèges & Indulgences, octroyés par les Papes aux Confreres & Sœurs de la Tres-saincte Trinité, & de Notre-Dame de bon Remede, en faveur de la Rédemption des Captifs, par le P. Ralle. *Châlons*, 1661. = L'Histoire du Chappelet, enrichie des Miracles faits en vertu du Chappelet, & des Indulgences des Papes, octroyez à la Confrairie érigée au nom du Chappelet. *Rouen*, 1613, 4 vol. in-16.

64 La Convertion des Touloufains, & autres extraordinaires, par le S. Rofaire. *Aix*, 1687. in-12. parch. ——— 2 — 2

65 La Prigione Eterna dell'Inferno difegnata in imagini & efpreffa in effempii al peccatore duro di cuore, dal Giov. Batt. Manni. *in Venet.* 1666, in-8. vel. ——— 5 — 1

66 Recherches fur la nature du feu de l'Enfer, & du lieu où il eft fitué, par Swinden, trad. de l'Angl. par Bion. *Amft.* 1728, in-8. fig. — 3 — 

## THEOLOGIE MORALE.

*Traités finguliers & moraux des actions humaines, des jeux, des divertiffemens, &c.*

67 Colloques Chrétiens de trois perfonnes, à fçavoir, entre ung apprins de Dieu, ung apprins de la Bible, & ung apprins de Sophifterie. 1548. in-8. ——— 10 — 5

68 Jac. Sirmondi Hiftoria pœnitentiæ publicæ. *Parif.* 1550. = Jacobi Ufferii de Macedonum

& Aſianorum, anno ſolari diſſertatio. *Londini.*
1648. = Le Calendrier des heures ſurnom-
mées à la Janſéniſte, par Fr. de S. Romain.
*Paris, 1650. in-8. vél.*

69 L'Inſtitution de la Femme Chrétienne, tant
en ſon enfance, que mariage & viduité, avec
l'Office du mari, trad. du lat. de Louis Vives,
par Pierre de Changy. 1549. = Le Chevalier Chrétien, compoſé en latin par Eraſme,
& traduit en françois. 1544. = Les Prieres
& Oraiſons de la Bible, faictes par les Saincts-
Peres, tant en vieil que du nouveau Teſtament.
*Lyon, 1543. in-12. lav. regl. parch.*

70 Le Viat de ſalut, par le R. P. Hector Dailly.
*Longueville, 1537. in-8. Goth.*

71 Le Traité des dix Commandemens de la Loi,
ſelon Maiſtre Jehan Gerſon. *Paris, Pier. Leves*
1487. *in-8. Goth.*

72 Les trois états de l'Innocence, par de Ceriziers. *Paris, 1646, in-8. V. B.*

73 Les Provinciales, ou Lettres écrites par
Louis de Montalte, avec les notes de G. Wen-
drock, trad. en Franç. par Mlle. de Joncourt.
*Col. 1749. 4 vol. in-8. Br.*

74 Les Provinciales, ou Lettres écrites par L.
de Montalte à un Provincial dés ſes amis,
traduites en Latin par G. Wendrock, en Eſ-
pagnol par G. Cordero, & en Italien par C.
Brunetti. *Cologne, 1684. in-8. V. F.*

75 De l'abus des Nudités de gorge. *Paris. 1677.*
*in-12. V.*

76 Après-Dinées, & propos de table, contre
l'excès de boire au manger, pour vivre longuement, par le P. Antoine Balinghem. *Lille,*
1615. *in-8. rel.*

77 Traité contre les Danses & les Comédies, composé par S. Charles Borromée. *Paris*, 1664. = Le Blason des Danses, par Guil. Paradin. *A Beau-jeu*, 1566. = Traité des Accoustrements des Chrétiens. 1580. = Question Chrétienne, touchant le jeu, par Théomite ; sçavoir, si une personne adonnée au jeu se peut sauver, & principalement les femmes, avec la réponse, par de la Franchise. *Paris*, 1633, 5 vol. in-8. & in-12. ——— 11 — 10

78 Le Fouet divin des jureurs, parjureurs & blasphémateurs du Très-Saint Nom de Dieu, par le R. P. Bernard. *Douay*, 1618. in-12. *vélin*. 5 —

79 Le Fouet des paillards, ou juste Punition des voluptueux & charnels, par M. L. P. *Rouen*, 1623. in-12. M. BL. ——— 13 — 5

80 Le Foudre foudroyant & ravageant contre les péchés mortels. = Discours contre les femmes débraillées, par Pierre Juvernay. *Paris*, 1637. in-8. ——— 10 — 12

### Traités moraux des Sacrements.

81 Thomæ Sanchez, disputationum de sancto Matrimonii sacramento. *Antuerpiæ apud Mart. Nutium*, 1607, 3 tom. en 2 vol. in-fol. —— 20 — 2
*Double d'une mauvaise Edition* ———— — 5 —

### Théologie Parœnétique, ou des Sermons.

82 Sermons du Frere Guibert de Tornate, Religieux de S. François, pour toutes les Fêtes & Dimanches de l'année, prêchés à Paris au commencement du xv. siecle. *MSS. sur vélin, en lettres Gothiques*, in-8. —— 3   4

83 Homélies pour toute l'année, & xxxiii. Sermons — 3

de Maître Jehan de Abbeville , fur les Fêtes, *MSS. fur vélin. in-8. en lettres Goth.*

3 — 2    84 Sermones & Vitæ Sanctorum fecundum Martyrologium , *Codex MSS. in membranis feculi* XV. *in-8. non relié.*

*Théologie myſtique ou contemplative.*

2 — 8    85 De Imitatione Christi , libri IV. *Pariſ. Leonard,* 1697. *in-32.* M. N.

9 —    86 P. Joan. David Paradiſus fponſi & fponſæ in quo Meſſis aromatum mirrhæ & aromatum ex inſtrumentis ac Myſteriis Paſſionis Chriſti. *Antuerp.* 1607. *in-8. fig.*

7 —    87 Liber Meditationum , *Codex MSS. in membranis. in-4.*

4 — 5    88 Méditations affectueuſes fur la Vie de la Ste. Vierge , par le R. P. Binet. *Anvers,* 1632, *in-12 , avec de jolies figures.*

6 —    89 Le livre intitulé Internelle Conſolation. ══ Expofition contemplative fur cette belle & dévote falutation , *Salve Regina miſericordia.* ══ L'armure de patience. *Paris , Joland Bon-Homme ,* 1534. *in-8. Goth.*

7 — 10    90 Liber Bemechobi , Epifcopi & Martyris ; continens prophetias & revelationes, dictus liber mirabilis , *hic liber fine anno & loco impreſſus , tamen fuit circa annum* 1525. La feconde partie de ce livre eſt en François, & eſt *intitulé* , l'an de grace fix cent , éſtoit Pape en Rome S. Grégoire , auquel temps par une perfonne furent prophétifées ces prophéties & révélations. *in-8. Goth.*

59 — 19    91 Petit Traicté , *intitulé* le Dictier contempla-

tif & fort dévot, sur le salut angélique, par Georges Castelin, en rime Françoise. = Plus, les Hymnes, louanges & cantiques, *dicts Georgives*, du même Castelin, composées en l'honneur de la Vierge Marie, & écrites à Rethel, en 1497. = Description poétique des douze Dames, par le même, en rime Françoise, *MSS. sur vélin, en lettres Gothiques, avec miniatures. in-4. M. R.*

92 Le Livret de crainte amoureuse & de béatitude, fait l'an de grace mil cccc. vij, *MSS. sur vélin, avec une miniature au commencement. in-4. parch.* — 40 — 1

93 L'Eguillon de l'amour divin. *MSS. sur vélin, in-4. avec des lettres en or, & quatre miniatures.* — 51 — 3

94 Le Chevalier Chrétien, contenant un Dialogue entre un Chrétien & un Payen, & traitant des armes & équipage du Chevalier, de son château de religion, & tour d'oraison, &c. par Fr. Benoît. *Paris,* 1609. *in-8. fig.* — 3 —

95 La Création du Monde, historiée avecques la Vie & miracles de Notre-Dame, & la Saincte Passion de Notre Seigneur Jesus-Christ, avec plusieurs contemplatives Oraisons de Saincts & Sainctes. *Gillet Couteau, sans date. in-8. Goth. fig. en bois.* — 10 — 2

96 Lunettes spirituelles pour conduire les femmes religieuses au chemin de perfection, plus un Dialogue fort pieux, où sont entre-parleurs Jesus & le Vieillard, trad. du latin de Denis le Chartreux, par P. du Mont-Douysien. *Douay,* 1587. *in-12. V. F.* — 4 — 10

97 Le Lys divin, & le Samson mystique, où sont représentés les amours de Samson avec — 2 —

Dalile, en parallele des amours de Jesus avec
son Eglise, prêchés par le R. P. J. J. Courvoi-
sier. *Brux.* 1638 , *in-*4.

9 — . 98 Le Riche sauvé par la porte dorée du Ciel,
par le P. Binet. *Paris* , 1627. = Le
Chariot spirituel , pour conduire les ames
dans le Ciel , par Catinal. *Rouen* , 1627.
= Les Allumettes du Feu divin , par P. Doré.
*Rouen.* 1610. = La Guerre spirituelle d'entre l'ame raisonnable & les trois ennemis d'i-
celle, la Chair, le Monde & le Diable , par
de S. Simon. *Paris* , 1597 , 4 *vol. in-*12.

22 — 5 99 Le Dialogue de consolation entre l'Ame &
Raison , fait & composé par ung Religieux de
la réformation de l'Ordre Fontevrault. = Le Traité de discipline de divine amour. = Traicté , qui
est dit l'Arbre de la Croix, composé par S. Bonaventure. = Les Quinze Fontaines vitales, utiles &
salutaires , composées par R. P. en Dieu , Mon-
sieur l'Evêque de Maulx , Maître Loys Pinelle,
lequel zélateur a fait ce Livre pour dévotes Sancti-
moniales recluses & enfermées en perpétuelle
clôture de l'Ordre de Fontevrault. = Le Manuel S. Augustin. = Les dix belles & dévotes Doctrines & Instructions, *impr. à Paris* ,
*pour Simon Vostre* , *in-*8. *sans date* , *Gothi-*
*que.* M. R.

9 — 4 100 Voyage spirituel d'un Jouvenceau vers la
terre de paix , qui en son voyage rencontra trois
sortes de disputations, avec quelques proverbes.
que la Vieillesse parle au Jouvenceau , & un
Dialogue spirituel ; joint aussi une danse , à
laquelle s'assemblent, de tous les endroits de
la terre , les désirs étniques, avec leurs per-
vers, débauchés & dissolus sens & pensées,

tant en diſſolution qu'en apparence de ſainc-
teté, danſant tous main-à-main, & ſautant
juſques en l'Enfer, produit par Hiel, *in-12.* M.N.
101 La pieuſe Alouette avec ſon tirelire, le
corps & plumes de notre Alouette, ſont chanſons ſpirituelles, qui toutes lui font prendre
ſon vol, & aſpirer aux choſes céleſtes & éter-
nelles. *Valenciennes,* 1619. 2 *vol. in-12. Br.* — 3 — 15
102 Les Roſes de l'amour céleſte, par Roſieres
de Chaudeney. *St. Mihiel,* 1619, *in-8 parch.* — 4 — 7
103 La Céleſte penſée de grace divine arrouſée,
où ſont déclairez les ſept Dons du S. Eſprit,
& la maniere de les demander à Dieu, par Fr.
Pierre Doré. *Paris,* 1543. *in-8.* — 5 —
104 Joan. Gaſtii, Libri IV de Virginitatis cuſto-
dia, ſtupri vindicta, uxorum in viros pie-
tate & perfidia, de ſcortationis ſcelere & ejus
pœna, &c. *Baſil.* 1544. *in-8.* — 4 — 5
105 La Philomele ſéraphique, où elle chante les
dévots & ardens ſoupirs de l'ame pénitente,
la Chryſtiade, la Mariade, avec les Myſte-
res du Roſaire, & des Cantiques ſur des airs
notés les plus nouveaux. *Tournay,* 1632,
*in-8. 2 tom. en 1 vol.* — 12 —
106 Extaſes de la Princeſſe du Midi, la belle
Malceda, au Palais du ſage Roi de Salomon,
par Jacq. Courvoiſier. *Brux. in-4. parch.* — 1 —
107 Figures myſtiques du riche & précieux cabinet des Dames, par And. Duchêne, *Paris,* 1605. *in-12. V. F. F. D.* — 1 — 18
108 Le Breviaire des Dames 1652. = Entretien
Evangélique de l'ame dévote, par Nerveze, 1612.
*fig.* = Les Sainctes faveurs du petit Jeſus, par 6 — 2
le R. P. Binet, 1659.=Tablature ſpirituelle des

*Breviaire des Dames, doubl* — 1 — 5

offices & Officiers de la Couronne de Jesus cou-
chés sur l'état royal de la Créche & payés sur
l'épargne de l'étable de Bethléem, 1685. = Le
Jardin sacré de l'ame solitaire, par Nerveze,
1608. *fig.* = La Nutrice spirituale del Bambino Giesù. *in Roma*, 1656, 6 *vol. in-12*,
& *in-16*.

6 —. 109 Le Livre intitulé la Diete de salut fait par
Monseigneur Saint-Pierre de Luxembourg ex-
hortant une sienne sœur à déprisement du
monde & des choses mondaines pour plus facilement parvenir au Royaume de Paradis.
= La loüenge des Dames. = Le Régime
de Menaisge selon Bernard, *in-4. Goth.*

3 —. 110 Le Cabinet royal de l'espoux meublé par
son épouse, avec le Jardin spirituel par Jean
Iau, auquel est adjoutée l Oraison funebre dudit le Iau. *Evreux,* 1631. *in-8. parch.*

12 — 1 111 La Cité mystique de Dieu, miracle de sa
Toute-Puissance, abîme de la Grace, mani-
festée dans ces derniers siecles, par la Sainte-
Vierge, à la Sœur Marie de Jesus d'Agreda,
trad. de l'Espagnol du P. Th. Crosset. *Brux.*
1715, 3 *vol. in-4. V. F.*

231 — 10 112 Imitatoire instruction en la Religion Chrétienne, pour les enffans, interlocuteurs Théophile & Theodidacte, dont le premier signi-
fie amateur ou aimé de Dieu, & l'autre, en-
seigné ou Disciple de Dieu. *MSS. sur vélin*
*avec miniatures. in-4. rel. en velours violet.*

2 — 14 113 Les pieuses Récréations du R. P. Angelin
Gazée. *Rouen*, 1633, *in-12. parch.*

*Traités*

*Traités singuliers des Superstitions.*

114 Traictés singuliers contre le Paganisme du
Roi-boit, par Jean Deslyons. *Paris,* 1670, *in-*12.
115 Discours contre le Paganisme du Roi-boit,
par le même. *Paris,* 1664, *in-*12. } 8 — 7

116 Le Cure-dent du Roi de la febve, historié
de l'antiquité du Roi-boit. *Paris,* 1602. *in-*12. - 12 — .

117 Traité contre les Bacchanales ou *Mardi-
gras,* auquel sont exhortés de s'abstenir des
banquets dudit *Mardi-gras,* & des masques &
momeries, par Lambert Daneau, 1582. *in-*8. — 3 — 15

*Traité singulier & assez rare.*

118 Fr. Collii de animabus paganorum, Libri V.
cum alterâ parte quæ Libris IV. &c. *Mediol. è
Colleg. Ambros. Typogr.* 1633 & 1638, 2 vol.
*in-*4. M. R.  —— 84 — .

### C A L V I N I S T E S.

119 Le petit Chien de l'Evangile, abbayant contre les erreurs de Luther & Calvin. *Marseille,*
1675. *in-*12.  —— 3 — .

120 Instruction de la Fille de Calvin démasquée,
par de Restagny. *Paris,* 1685. *in-*8. *parch.* —— 1 — 11

121 Manuel ou brieve description de l'Eglise
Romaine, de laquelle l'état vraiment singulier,
contient des choses nécessaires à expliquer, &
utiles à sçavoir, par Cottiere. *Saumur,* 1653,
*in-*4. *vél.*
122 Le Combat Romain, ou Examen des dis-
putes de ce temps, par Ch. Drelincourt. *Geneve,* 1629, *in-*8. V. F. } 1 — 4

123 Torrent de Feu sortant de la face de Dieu  4 — 2

pour deffécher les eaux de Mara , encloſes dans la chauffée du molin d'Ablon, par R. P. Jacq. Suares. *Paris* , 1603. *in-8. vél.*

124 Les Funérailles de Sodôme & de ſes filles, décrites en vingt Sermons, par R. le Maçon, dit de la Fontaine. *Londres* , 1600. *in-8.*

## Théologie Hétérodoxe.

125 L'Arbre de Probation, planté devant la tente d'Abraham. *Gen.* XVIII. duquel l'on tire des houffines pour redreffer les errans au droict ſentier de la Vérité , contre les erreurs d'un certain Martin, que l'Egliſe prétendue Réformée a féduit , par Nic. de Lachaud. *Paris,* 1618. *in* 8. M. C.

126 Recueil d'anciennes Pieces ( la pluſpart hétérodoxes ) ſçavoir, l'ordre & la maniere qu'on tient en adminiſtrant les Sainéts Sacrements. ═Célébration du Mariage, avec la forme qu'on obſerve ès-Prédications. ═ Petit Traité très-utile & ſalutaire de la Sainte Euchariſtie ; déclaration de la Meſſe , le fruit d'icelle , la cauſe & le moyen pourquoi , & comment on la doit maintenir , *imprim. en lettres Gothiq. ſans indication de lieu* , petit *in* 12. *vél.*

127 La Doétrine nouvelle & ancienne, revue ſelon la vérité de la Saint-Ecriture , 1551. *in-8.* parch.

128 Traité des Religions contre ceux qui les eſtiment toutes indifférentes, par Amyraut. *Saumur* , 1631. *in-8.* parch.

129 Parallele de la Doétrine des Payens, avec celle des Jéſuites , 1726 , *in-8.* M. Bl.

*Traités singuliers hétérodoxes , contre l'Eglise Romaine.*

130 Les trois conformités , *à sçavoir* , l'harmo-
monie & convenance de l'Eglise Romaine avec
le Paganisme, Judaïsme & hérésies anciennes,
par Franç. de Croy , *impr. sans indic. de Ville*,
*en 1605 , in-8. V.*                         8 — 19

Voy. le Cat. de M. de Gaignat , N°. 511.

131 Histoire de la Mappemonde Papistique ,
composée par Franchidelphe, Escorche-Messe,      26 — 1
*impr. en la ville de Luce , par Brifaud Chasse-*
*Diables , 1567, in-4.*   *Doubl*   —   _ 39 — 12

132 La Physique Papale , faite par maniere de
Devis & par Dialogues ; sçavoir, la Médecine,
les Bains , l'Eau-benite , le Feu sacré , & l'Alchymie , par Pier. Viret. *Geneve , de l'Impr.*
*de Jean Gérard , 1552. in-8. parch.*

133 La Physique Papale , faicte par maniere de
Devis & par Dialogues ; sçavoir , la Médecine , les Bains, l'Eau-benite , le Feu sacré &
l'Alchymie. = L'Office des Morts , fait par
Dialogues en maniere de Devis ; sçavoir, l'Enterrement, les suffrages, le deuil, les anniver-
saires , la Messe , par Pier. Viret. *Genève , de*
*l'Impr. de Jean Gérard , 1552. in-8. parch.* — 66 —

Rare., voyez le Cat. de M. Gaignat , N°. 539. ✳

134 L'intérim fait par Dialogues , sçavoir , les
moyenneurs , les transformateurs , les liber-
tins, les persécuteurs , les édicts & les modé-
rés , par Pier. Viret. *Lyon , 1565. in-8. parch.*   17 — 19

135 Exposition familiere sur le symbole des Apô-
tres , contenant les articles de la foi & un    12 — 12

✳ *Il y a voir quelques pieces qui ne se trouvent*
*pas dans les autres Editions.*

ſommaire de la Religion Chrétienne, faite
par Dialogues, par Pier. Viret. *Genève,*
1650. *in-8. parch.*

18 — . 136 Le Monde à l'Empire, & le Monde Dé-
moniacle, fait par Dialogues, par Pier. Viret,
*Genève,* 1579, *in-8. parch.*

2 — . 137 Métamorphoſes de la Religion Romaine.
*La Haye,* 1700, *in-12. V. B.*

3 — 18 138 Nouveauté du Papiſme oppoſée à l'antiquité du vrai Chriſtianiſme, contre le Livre
du Card. du Perron, par P. Dumoulin. *Sedan,*
1627. *in-fol.*

6 — . 139 Le Myſtere d'iniquité, c'eſt-à-dire, Hiſt.
de la Papauté, par Philip. de Mornay. *Sau-*
*mur,* 1611. *in-fol.*

7 — 4 140 Diſcours des confuſions de la Papauté. *Geneve,*
1584. *in-12. parch.*

141

33 — 16 142 Anti-thèſe des faits de Jeſus-Chriſt & du
Pape, miſe en vers François; enſemble les
Traditions & Décret du Pape oppoſés aux
Commandemens de Dieu. *Item,* la Deſcrip-
tion de la vraie image de l'Antechriſt, avec la
Généalogie, la Nativité & le Baptême magni-
fique d'icelui, avec le Livre de la Génération
du déſolateur Antechriſt, fils du Diable. = 
Deſcription gentille & véritable de l'idole de la
. . . . . . nommée vulgairement . . . . en rime
Françoiſe, avec la Vie du Pape Hildebrand,
dit Grégoire VII. & celle de la Papeſſe Jeanne.
*Rome* 1500 *fig. en bois.* = Anti-thèſe de N. S.
Jeſus-Chriſt & du Pape de Rome, dédiée aux
Champions & Domeſtiques de la Foi, *l'an de*
*grace* 1620, *in-8. parch.*

143 De Turco-Papismo, *hoc est*, de Turcarum & Papistarum adversùs Christi Ecclesiam & fidem conjuratione, eorumque in religione & moribus consensione & similitudine Liber unus; eidem praétereà adjuncti sunt de Turco-Papistarum maledictis & calumniis adversùs Gulielmi Giffrodi, &c. *Londini*, 1604. *in-*8. *parch.* ———— 6 —.

144 Le Firmament de la vérité, contenant cent démonstrations auxquelles personne ( hors d'être fol & insensé) ne peut contredire, qui prouve que les Prêtres, Diacres, sous-Diacres, Bacheliers, Licenciés, Docteurs en Théologie, Religieux, Carmes, Dominicains, Cordeliers, Récolets, Capucins, &c. doivent être damnés éternellement s'ils ne vont prêcher l'Evangile aux Turcs, Arabes, Maures, Perses, &c. par Jean d'Aubry, 1642. = Indulgence & Privilège pour ceux qui portent la ceinture faussement attribuée à S. Augustin. *Grenoble*, 1624. *in-*8. *vél.* ———— 19 - 4

145

146

*Ecrits des Anti-Trinitaires ou Sociniens & des Préadamites.*

147 Mich. Serveti Dialogorum de Trinitate divinâ, Versio Belgica. *impr. anno* 1620, *in-*4. *vél.* ———— 12 —.

148 Isaaci de la Peyrere Præadamitæ, sive Exercitatio super versibus XII, XIII & XIV Capitis V Epistolæ divi Pauli ad Romanos, ejusdem systema theologicum ex Præadamitarum hypothesi. *impr. anno salutis*, 1655. *in-*4. *vél.*

149 Responsio exetastica ad tractatum, incerto autore, nuper editum, cui titulus Præadamitæ libri duo, Ant. J. Pythio. *Lugd. Bat.* 1656, *in-12. parch.*

150 J. Bapt. Morini Refutatio compendiosa libri de Præadamitis. *Parif.* 1656, *in-12. parch.*

*Traités singuliers qui contiennent des erreurs particulieres.*

151 Guill. Postelli Protevangelion, sive de natalibus J. Christi & ipsius Matris Virginis Mariæ Sermo Historicus divi Jacobi minoris, consobrini & Fratris Domini Jesus, Apostoli Primarii & Episcopi Christinianorum primi Hierosolymis; accedit Evangelica Historia quam scripsit beatus Marcus, Petri Apostolorum principis discipulus & filius & primus Alexandriæ Episcopus; unà cum vitâ ejusdem Marci, Evangelistæ. Hæc omnia in lucem edita studio Theodori Bibliandri, *Basileæ, Joan. Oporini,* 1552, *in-8. parch.*

152 Les très-merveilleuses victoires des Femmes du nouveau monde, & comme elles doivent à tout le monde par raison commander, & même à ceux qui auront la Monarchie du monde viel, par Guill. Postel. *Paris, Jehan Gueullart,* 1553; *premiere Edition originale, exécutée en grosses lettres.* == Guill. Postelli Abrahami Patriarchæ liber Jezirah, sive Formationis mundi. *Parif,* 1552. == Restitutio rerum conditarum per manum Eliæ prophetæ terribilis, ex versione Guill. Postelli. *Parisiis,* 1552, *in-16. parch.* +

*Voy.* le Cat. de M. Gaignat, Nos 615 & 619, & de la Bibliographie instruct. le No. 813.

153 Les très-merveilleuses victoires des Femmes du nouveau monde, par Guill. Postel. *Paris, 1553. in-12. Br. nouvelle. édit.* —————— 6

154 Le Théatre de la Nature universelle de ·J. Bodin. *Lyon,* 1597, *in-8.* —————— 7

155 Du rappel des Juifs, par Isaac la Peyrere, *impr. en 1643, sans indication de Ville, in-8. parch.* —————— 12

156 Th. Brown, Religio Medici, 1668, *in-12. V.* —————— 4—19

157 Joan. Tolandi Pantheisticon, sivè formula celebrandæ sodalitatis Socraticæ in tres particulas divisa, &c. *Cosmopoli ( Londini,)* 1720, *in 8. V. F. F. D.* —————— 18 —

158 Teophili Alethæi ( Joan. Lyseri ) Polygamia triumpharrix ; id est discursus de Polygamiâ cum notis Atha. Vincentii. *Londini,* 1682. *in-4. V.* —————— 6 —1

# JURISPRUDENCE.

## *Droit Canonique, Regles & Constitutions des Religieux , &c.*

159 Bulle du Pape Benoît XII. pour la réfor-mation de l'Ordre de Citeaux, donnée la deuxie-me année de son Pontificat en 1335. *MSS. original, petit in-fol.* —————— 5—19

160 Traité de l'autorité du Pape. *La Haye,* 1720. 5 Tom. en 4 vol. *in-12. M. R.* —————— 8 —1

161

*6 — 4*

{ 162 Toilette de l'Archevêque de Sens, ou Réponse au factum des filles de Ste. Catherine lès-Provins, contre les P. P. Cordeliers, 1669, *in*-12. *parch.*

163 Factum pour les Religieuses de Ste. Catherine-les-Provins, contre les Cordeliers. *Doregnal*, 1679, *in*-12.

*2 — 10*

164 Factum de Jean-Bapt. Thiers, contre le Chapitre de Chartres, *in*-12.

*3 — .*

165 Statuta Synodalia Episcoporum Diocesis Nannetensis, ab anno Domini 1315, usque ad annum 1499. = Inter illa statuta Typis quædam mandata fuisse non videmus = Continet insuper Codex Palmuriensis Concilii Canones jam editos, necnon Epistolam sub nomine Jesu-Christi quæ in lucem nondum prodiit. *Codex MSS. in membranis à variis Scriptoribus exaratus*, *in*-4. *parch.*

*7⁹ — 10*

166 Explication de quelques endroits des anciens Statuts de l'Ordre des Chartreux, avec des éclaircissemens donnés sur le sujet d'un libelle qui a été composé contre l'Ordre, & qui s'est divulgué secrettement à la *Correrie*, par Galle, *in*-4.

( Rare, voy. Bibliographie instructive N°. 995. )

*6 — "*

{ 167 Mémoire pour servir à l'établissement de la Jurisdiction des Abbés-Généraux de Cluny, avec le recueil des Titres & Pieces justificatives de l'exercice de cette Jurisdiction. *Paris*, 1696, *in-fol.*

168 La défense des Religieux contre ceux qui soutiennent

tiennent que l'Habit de Religion eſt ſeulement
pour les pauvres, inutiles & pareſſeux, & non
pour les riches, & de noble maiſon. *Paris,*
*1581. in-8. vél.*

169 La Regle, Conſtitutions, Profeſſions, &
aultres Doctrines pour les filles Pénitentes,
dictes les Filles repenties, utiles & proufi-
tables pour tous ceulx qui les liront & conſi-
déreront. *Paris, ſans indication, in-4. Goth.* — 3 — 16

170 Le Moine Marchand, ou Traité contre
le commerce des Religieux, trad. du lat. de
Théoph. Reinaud. *Amſt.* 1714. *in-12. Br.* — 4 —

171 Les Moines traveſtis, par Pier. Joſeph, avec
la réponſe pour les Religieux Carmes, au livre
des Moines traveſtis. *Colog.* 1698, *3 vol.*
*in-12.* — 4 — 10

172 Le Rabat-joye du triomphe Monacal, tiré
de quelques Lettres recueillies par de Saint-
Hilaire. *Liſle, 1634. 1 vol. in-8. parch.* — 3 —

173 L'Apocalipſe de Meliton. *S. Leger, 1665,*
*in-12.* — 2 — 8

174 La Monarchie des Solipſes, trad. du lat.
de Melch. Inchofer, *Amſt.* 1721. *en feuil.* — 1 —

175 Le Mercure Jéſuite. *Genève,* 1631. *in-8.*

176 Le Jéſuite mis ſur l'échafaut, avec la réponſe
aux Calomnies de Jacq. Beaufés, par Pier.
Jarrige. *Leyde,* 1648. *in-12.* — 2 — 1

177 Le Cabinet Jéſuitique. *Colog. in-12.* — 3 —

178 Le Jéſuite ſéculariſé, avec la critique. *Colog.*
1683. *2 vol. in-12.* — 2 — 9

179

180 Le Moine ſécularifé. = Les Secrets des Jéſuites. = Onguent pour la brûlure. = Véron,
ou le Hibou des Jéſuites, oppoſé à la Corneille 10 — 4

de Charenton , avec la Meſſe trouvée en l'Ecriture. = La Marmite rétablie par les Miracles du P. Marc d'Aviano, R. C. *Colog.* 1684. *in-12. fig.*

1 — 12    181 Le Paſſe-partout des Jéſuites ; 1600. *in-12.*

1 — 10    182 Le Teſtament des Jéſuites, ou l'Eſprit de la Société , infidelle à Dieu, au Roi, & à ſon Prince. *Lond.* 1738. *in-12.*

3 — 8    183 La Politique des Jéſuites. *Cologne.* 1689. =Prévarication du P. de la Chaiſe , Confeſ. du Roi, au préjudice des droits & intérêts de Sa Majeſté. = La décadence de l'Empire Papal. *Amſt.* 1689. *in-12. M. N.*

1 — 11    { 184 Le Jéſuite défroqué. *Rome ,* *in-12. Br.*
185 Le Philoſophiſme des Jéſuites de Marſeille. *Avignon,* 1692. *in-12.*

2 — 1    186 La Tyrannomanie Jéſuitique , par A. du Voyer. *Villefranche ,* 1648. *in-8. parch.*

2 — ·    187 Anecdotes Jéſuitiques ou le Philotanus Moderne. *La Haye ,* 1740. *3 vol. in-12. en feuil.*

6 — 1    188 Le Capucin ; Traité auquel eſt deſcrite & examinée l'origine des Capucins, leurs Vœux, Regles & Diſciplines , par Pier. du Moulin, *in-8. Br.*

1 — 7    189 La Conduite de Méliton ou la Correction fraternelle, qu'il exerce à l'endroit des Religieux , par de S. Romain , 1641. *in-8.*

1 — 7    190 L'Echelle des Moines , *Paris ,* 1620. *in-8.*

2 — 10    191 Le Bioniſme des Moines , ou Traité de la Mendicité, par Ch. Daubus. *Sedan ,* 1648. *in-8. V. F. F. D.*

2 — ″    192 Plaidoyers & Réponſes concernant le Privilège de la Fierte S. Romain , enſemble les Arrêts intervenus au Grand-Conſeil ſur les Plaidoyers. *Paris ,* 1611. *in-8.*

*Droit François & étranger.*

193 Recueil d'Ordonnances du Roi & Réglemens
du Conseil souverain d'Alsace. *Colmar*, 1738.
2 tom. 1 *vol. in-fol.* 2 —

194 Code de la Librairie. *Paris*, 1744. *in-12. Br.* 3 — 10

195 Coustumes générales des Pays & Duché de
Bretaigne, nouvellement réformées & publiées
en la ville de Nantes, en la Congrégation &
Assemblée des trois Etats dudit Pays, au mois
d'Octobre 1539. *MSS. sur vélin. in-fol.* 25 — 10

196 Los fors & Costumas de Bearn. *Lesca*, 1692.
*in-4. impr. sur vélin.* 13 — 4

197 Consuetudines urbis Tholosæ, cum Decla-
rationibus, accedunt litteræ confirmationibus
Alphonsi Comitis Tolosani, anni 1251, & re-
gum Philippi audacis & Caroli VII. *Codex*
*MSS. in membranis litteris Gothicis exaratus,*
*& figuris coloribus depictis decoratus, in-fol.*
*V. F.* 80 — 19

198 Fr. Barbari libri duo de re Uxoria. 1513. *in-4.* 3 —

199 Theod. Bezæ Vezelii, Tractatio de Polygamia, & de repudiis & divortiis. *Geneva*,
1669 & 1671. *in-8.* 7 — 19

200 L'Arbitre charitable, ou Moyens pour éviter les Procès & les querelles, par le Prieur
de S. Pierre. *Paris*, 1668. *in-4. fig.* 9 — 11

201 Pratique judiciaire ès Causes criminelles,
par Josse de Damhoudere. *Anvers*, 1564.
*in-4. fig. M. C.* 7 — 19

202 Des Procès faicts aux Cadavres, aux cen-
dres, à la mémoire, aux bêtes brutes, choses inanimées, & aux Contumax, par Ayrault.
*Angers*, 1591. *in-8. parch.* 9 —

D ij

2 — 8   203 Les manieres admirables pour découvrir toutes sortes de crimes & sortiléges, par Bouvet.
*Paris*, 1659. *in-12.*

2 — 8   204 Méthode & brieve instruction aux fideles
Gabeleurs, pour la destruction du fauxsaunage.
*Laval*, 1667. *in-12.*

  205 Recueil des Pieces contenues au Procès du
Marq. de Gesvres, & de Mlle. Mascranni,
son épouse. *Rotterd*, 1716, 2 *vol. in-12.*

3 — "   206 L'Usure ensévelie, ou défense des Monts-
de-Piété, de nouveau érigés aux Pays-Bas pour
exterminer l'usure, par Jean Boucher. *Tournay*,
1628. *in-4. parch.*

3 — 10   207 Le Code Fréderic. 1751. 3 *vol. in-8.*

# SCIENCES ET ARTS.

## *PHILOSOPHES*

### *Anciens & Modernes.*

7₺ — 19   208 LES Dits moraux des Philosophes, I.
de Sédéchias II. de Hermes, III. de Pitagore,
IV. de Diogênes, V. de Socrates, VI. de
Platon, VII. d'Aristore, VIII. de Tholomée,
IX. de S. Grégoire, X. de Galien, translatés
de Latin en François, par Guillaume de Tignonville. *MSS. sur vélin, en lettres Gothiques,
avec les pourtraits des Philosophes, dessinés &
lavés à l'encre de la Chine, petit in-fol.* M. C.

209 Les choses mémorables de Socrate, par
Charpentier. *Paris*, 1650. *in-8. M. R.* ———— 1 — 11

210 Ensuyt le secret des secrets de Aristote, pour
congnoistre les conditions des hommes & des
femmes, lesquels il fist pour le Roi Alexandre son disciple. === Agrippa de la noblesse &
préexcellence du sexe féminin, 1532. *in-16.*
Gothiq. ———— 4 — "

211 Le Timée de Platon, par L. le Roi. *Paris*,
1581. *in-4.* ———— 2 — 2

212 Le Ris de Démocrite, & le Pleur de Héra-
clite, Philosophes, sur les folies & miseres
de ce monde, trad. de l'It. d'Aut. Phileremo,
par Mich. d'Amboyse. *Paris*, 1547. *in-8.*
parch. ———— 6 — "

213 Nouveau Mémoire pour servir à l'Hist. des
Cacouacs. *Amst.* 1757. *in-12. V.* ———— 2 — 9

### Logique, Morale & Économie.

214 Th. Murner Chartiludium Logicæ, seu Lo-
gica poëtica, vel memorativa, cum notis, &
conjecturis Joan. Balesdens. *Paris.* 1629. *in-8. fig.* — 3 — 18

215 Le Livre de Boece, *intitulé* de la Consolation, translaté de Prose en rime Françoise.
*MSS. sur vélin.* === Le Testament de Jehan
de Meung. *MSS. sur vélin, en lettres Goth.*
*in-fol. V.* ———— 31 — 16

216 Le Livre du Jeu des Echecs moralisé, translaté de Latin ( de Frere Jacques Cessoles) par
Frere Jehan de Vignay, de l'Ordre S. Jacques-
du-haut-pas ; fut fait pour Jean de France, Duc
de Normandie, & aîné fils de Philippe VI,
dit de Valois. *MSS. sur vélin, du XIII. siécle,*
*en lettres Gothiq. avec un dessin au commen-*
*cement à l'encre de la Chine, pet. in fol. M. C.* 34 — "

2 — 11. 217 Les six Livres de Mario Equicola d'Alveto, de la nature d'Amour, tant humain que divin, par Gab. Chappuys. *Paris*, 1584. *in-8.* parch.

2 — " 218 Philosophie d'Amour, de Léon Hébreu, trad. de l'It. en Franç. par du Parc. *Lyon*, 1595. *in-16. parch.*

3 — 4 219 De la Sagesse, trois Livres, par Pierre Charron. *Paris*, 1613. *in-8.*

3 — 1 220 Le Divertissement des Sages, par le R. P. Jean Marie. *Paris*, 1665. *in-8.*

1 — 6 221 Théorie des Sentimens agréables, par l'Evêque de Pouilly. *Paris*, 1749. *in-12. v.*

2 — 10 222 Paradoxes ou les Opinions renversées de la plupart des Hommes, par le Docteur inconnu. *Rouen*, 1638. *in-12.*

1.2 — 19 223 Essais sur la nécessité & sur les moyens de plaire, par M. de Moncrif. *Paris*, 1738. *in-12.* M. Bl. *l'Exemplaire n'étoit pas des plus beaux*

( Cet Exemplaire est imprimé sur vélin. )

6 — " 224 Le Mépris de la Court, avec la vie rustique, contenant l'Amye de Court ; la parfaicte Amye ; la contre-Amye ; l'Androgine de Platon ; l'Expérience de l'Amye de Cout, contre la contre-Amye ; le nouvel Amour. *Paris*, 1551. *in-16.* parch.

2 — " 225 Symposion Timeron, sive, Ant. Bonfinii de Pudicitia conjugali & Virginitate Dialogi III. *Basilea*, 1572. *in-8.*

1 — 12 226 Traité de la Virginité. *Paris*, 1699. *in-8.*

2 — 8 227 Le Philogame ou Ami des Noces, par Tillier. *Paris*, 1578. *in-16. parch.*

2 — 11 228 Deux Livres de l'Etat du Mariage, trad. du

lat. de Fr. Barbaro, par Cl. Joly. *Paris*, 1667.
*in-12.*

229 Du bonheur & du malheur du Mariage,
ouvrage moral & curieux, par de Mainville.
*Paris*, 1688. 2 *vol. in-12.* —— 4-19.

230 Le Tableau du Mariage, repref. au naturel,
par Caillet. *A Orange*, 1635, *in-12.* —— 6 – ..

231 Le Fort inexpugnable de l'honneur du Sexe
féminin, conftruit par Fr. de Billon. *Paris*,
1555. *in-4.* —— 19-19

232 Le Tréfor de la Cité des Dames, felon
Dame Chriftine, de la Cité de Pife. *Paris*,
1536. *in-8.* —— 6 – 14

233 Le Caractere d'une femme fans éducation.
*Cologne.* Réflexions fur les femmes, & Lettres
fur l'éducation, par Mad. la Marq. de Lambert. *Amft.* 1732. 2 *vol. in-12. Br.* —— 2 – 10

234 Lettres fur l'éducation des femmes, & fur
leur caractere en général, par de Ranto de
Laborie. *S. Omer*, 1757. *in-12. Br.* —— 1 – 4

235 Bibliothéque des Dames, par Steele, trad.
de l'Angl. *Amft.* 1727. 3 *vol. in-12. en feuil.* — 6 – 12

236 Gli ornamenti delle Donne, per Giov. Marinello. *Venet.* 1574. *in-8. parch.* —— 2 – 8

237 Difcorfi accademici di vari Autori viventi
Intorno agli ftudi delle Donne, di G. Ant.
Volpi. *Padoua*, 1729. *in-8.* —— 1 – 10

238 Amore vole avifo alle Donne circa alcuni
loro abufi, di Cof. Agnelli. *In Milano*, 1592.
*in-8.* —— 1 – 10

239 Il convito di Gio. Batt. Modio overo del
Pefo della Moglie. doue ragionando fi con-
chiude, che non puo la Donna dishonefta far
vergogna all'huomo. *In Milano*, 1558. ==
Difcorfo di Fr. Verini. *In Fiorenza*, 1558. — 8 – ..
*in-8.*

2 — 2  240 Pafcafii Jufti de Alea. *Amft.* 1642. *in-16.*

2 — 19  241 La maniere de nourrir, conduire & rédiger les enfans, par Franç. Philelphe. *Paris,* 1513. *in-8. Goth.*

3 — 4  242 L'entretien des Vieillards, ou Miroir dans lequel ils verront les avantages de leur âge, pour leur confolation, par de Vaure. *Paris,* 1625. *in-12. M. R.*

### POLITIQUE.

1 — 10  243 J. Lipfi Politicorum five Civilis Doctrinæ Libri fex, ex inftituto Matt. Berneggeri. *Françof.* 1658. *in-12.*

( Ce Livre eft imprimé fur du papier jaune. )

10 — "  244 Elémens Philofophiques du bon Citoyen, par Th. Hobbes. *Paris,* 1651. *in-8. vél.*

112 — 12  245 Le Livre de l'information des Rois & des Princes, *MSS. fur Vélin,* décoré d'un Deffin à chaque Livre, à l'encre de la Chine, & lavé, *in-fol.*

> Ce Livre eft divifé en quatre parties : le Ie. Livre contient le Prologue, & une Table des XXXII. Chapitres de l'information des Rois & des Princes.
> Le IIe. Livre commence par une Table, contenant auffi XXXIII. Chapitres fur la maniere dont les Rois & les Princes doivent fe gouverner.
> Le IIIe. Livre commence par une Table contenant XLI. Chapitres fur l'exemple que Sapience eft très-né-ceffaire.
> Le IVe. Livre commence par une Table contenant XXX. Chapitres, fur le choix que l'on doit faire des Juges, & eft terminée par la foufcription fuivante.
> *Tranfcrit par Jehan Colmont, Clerc & ferviteur de Chantemerle, Confeiller & Maître d'Oftel de très-excel- lent & Puiffant Seigneur le Duc Philippe de Bourgogne & de Brabant en la ville de Bruxelles, l'an de grace* 1437.

246

246 Le Livre de Police humaine , contenant le
Gouvernement des Royaumes & enseignemens
des Princes , par Gilles d'Aurigny , & trad. du
lat. en franç. par Jeh. le Blond , Curé de Bran-
ville. *Paris ,* 1546. *in-*8. —— 12 - „

247 De la Puissance légitime du Prince sur le
peuple , & du peuple sur le Prince , trad. du
lat. de Junius Brutus , 1581. *in-*8. —— 9 - „

( Rare , Voy. la Bibliographie , N°. 1357. )

248 Les Canons des Conciles de Tolede , de
Meaux , de Mayence , d'Oxfort , & de Constance ; avis & censures de la Faculté de Théologie de Paris ; Arrêts du Parlement de Paris ,
par lesquels la Doctrine de déposer & tuer les
Rois & Princes , est condamnée , 1615. *in-*8. — 2 – 1

249 Histoire de l'origine de la Royauté , par
Pelisseri. *Paris ,* 1684. *in-*8. *fig.* V. F. — 4 – 1

250 Proposition pour la Police générale du Royaume de France , présentée pour le Roi à Monseigneur Colbert , Minist. d'Etat , par le Baron
de Ste. Marthe , *MSS. sur vélin ,* *in-*4. M. R. — 35 – 15

251 La Touche naïve , pour éprouver l'Ami &
le Flateur , inventée par Plutarque , taillée par
Erasme , & mise en franç. par Ant. du Saix.
*Paris ,* 1545. *in-*16. — 6 — „

## *METAPHYSIQUE.*

252 Dissertation touchant l'empire de l'Homme
sur les autres Animaux , & sur toutes les Créa-
tures sublunaires , où il est montré qu'il est
favori de Dieu & de la Nature ; qu'il n'a pas
eu besoin d'aîles , & qu'il n'a peû ni deû voler,
& qu'il a d'ailleurs toutes les perfections nécessaires pour le rendre maître de l'Univers ,
par de Galatheau. *Paris ,* 1676. *in-*12. — 1 – 5

253 Comitis de Flifco Decas de fato, annifque fatalibus tam hominibus quam Regnis mundi. *Francof.* 1665. *in-*4.

254 Paradoxe fur l'incertitude, vanité & abus dés Sciences, trad. du lat. de H. C. Agrippa, 1603. *in-*12.

*Traités finguliers des Efprits & de leurs opérations, de la Magie, des Démons, Sorciers, & Enchanteurs, &c.*

255 Tableau de l'inconftance des mauvais Anges & Démons, par Pierre de Lancre, avec la figure du Sabat. *Paris,* 1613. *in-*4.

256 Hiftoires, Difputes & Difcours des illufions & impoftures des Diables, des Magiciens infâmes, Sorciers & Empoifonneurs, par Jean Wier, avec deux Dialogues de Th. Eraftus, touchant le pouvoir des Sorcieres, &c. 1579. *in-*8. *parch.*

257 De la Lycantropie, ou Transformation d'Hommes en Loups-Garous, fi télle fe peut faire, par Cl. Prieur. *Louvain,* 1596. *in-*8. *parch.*

258 Hiftoire véritable, comment l'ame de l'Empereur Trajan a été délivrée des tourmens d'Enfer, par les Prieres de S. Grégoire. = Difcours de la Lycantropie, ou de la Tranfmutation des Hommes en Loups, par Beauvoys de Chauvincourt, 1599. = Difcours d'un Miracle avenu en la Baffe-Normandie, avec un Traité des Miracles, du pouvoir des Démons & de leurs preftiges, par Ant. de Morry, 1598. = Difcours véritahle fur le fait de Marthe Broffier de Romorantin, prétendue Démoniaque, 1599. = Effroyable rencontre de quatre Efprits malins, par le Baron de Bourbœuil,

1620. = Hiftoire prodigieufe & admirable arrivée en Normandie, & du ravage qu'y ont
fait une quantité d'oifeaux étrangers, 1618. =
Hiftoire miraculeufe des Eaux rouges comme
fang, tombées dans la Ville de Sens. = Hiftoire remarquable d'une Femme décédée depuis v. ans en çà, laquelle eft revenue trouver
fon Mari, au Fauxbourg S. Marcel, le 11 Décembre 1618. = Hift. admirable d'un Gentil-
homme Portugais, lequel s'étant mis en un
Hermitage, fut par le moyen de quelques Sorciers mis en pieces, en forme d'un Sanglier,
& au bout de trois jours revenu fain & entier,
tranflaté d'Efpagnol en Franç. 1613. = Difcours véritable d'un Juif-errant, lequel main-
tient avec paroles probables avoir été préfent à
voir crucifier Jefus-Chrift, 1608, *in-8.*

259 Hiftoire admirable de la poffeffion & converfion d'une pénitente féduite par un Magicien, exorcifée en 1610, fous l'autorité du R.
P. F. Séb. Michaelis. *Paris*, 1613. *in-8. parch.* — 1 - 10

260 Le Tréfor & entiere Hiftoire de la triomphante victoire du Corps de Dieu, fur l'efprit
malin de Beelzebud, obtenue à Laon, en 1566,
par Jeh. Boulæfe. *Paris*, 1578. *in-4. avec
la fig.* *un Double* — — — 3 - 1

261 Cl. le Petit, de fpiritibus creatis, Angelis,
Dæmonibus, & Animâ. *Parifiis*, 1641. *in 4.*
M. R. *lav. regl.* — 9 - 19

262 La merveilleufe Hiftoire de l'Efprit, qui
depuis n'a guéres s'eft apparu au Monaftere
des Religieufes de S. Pierre de Lyon, laquelle
eft pleine de grande admiration, comme l'on
pourra voir par la lecture de ce préfent Livre.
*Paris*, 1528. *petit in-4. goth. fig. en bois.* — 13 - 4

4 — 1  263 Récit historique de la possession des Dames Religieuses Urselines de la Ville de Loudun, arrivée en 1633, écrit par le R. P. Surin, *in-4. MSS.*

2 — "  264 La guérison miraculeuse de Sœur Jeanne des Anges, Prieure des Religieuses Ursulines de Loudun, par l'onction de S. Joseph. *Saumur, 1637. in-12. parch.*

2 — 4  265 Cruels effets de la vengeance du Cardin. de Richelieu, ou Hist. des Diables de Loudun. *Amst. 1716. in-12. en feuil.*

1 — 10  266 Le Pour & Contre de la possession de Filles de la Paroisse de Landes, Dioc. de Bayeux. *Antioche, 1738. in-8. v. f.*

1 — "  267 Histoire de Madeleine Bavent, Religieuse du Monast. de S. Louis de Louviers. *Paris, 1652. in-4.*

1 — 4  268 La Piété affligée, ou discours historique & théologique de la possession des Religieuses, dites de Ste. Elizabeth de Louviers, par le R. P. Esprit. *Rouen, 1652. in-4. parch.*

1 — 10  269 Joh. Bokelii Tractatus de Philtris. *Hamburgi, 1581. in-4.*

2 — 10  270 L'Anti-démon de Mascon, par le sieur Perraud. *Geneve, 1656. in-8. vél.*

8 — 19  271 Clef des cent-cinquante Pseaumes, pour l'intelligence des Clavicules de Salomon, *in-4. MSS.*

3 — 2  272 Apologie pour les grands hommes soupçonnés de Magie, par G. Naudé. *Amsterd. 1712. in-8. vél.*

1 — "  273 Lettres qui découvrent l'illusion des Philosophes sur la Baguette. *Paris, 1693. in-12. fig.*

## PHISIQUE.

274 La Génération de l'homme, & le Temple
de l'ame, avec autres Œuvres poëtiques extraites de l'Esculape, de René Bretonnayau,
Médecin. *Paris*, 1583. *in-4.* ——— 2 — "

275 Traité de l'esprit de l'homme, *suiv.* les
principes de Descartes, par L. de la Forge.
*Amst. in-12. vél.*

276 Dialogo della degnita dell'Huomo, dal sig.
Alfonso Ulloa. 1564. = Dell'eccellentia de
l'Huomo sopra quella de la Donna libri tre, di
Giov. Tomagni. *Venet.* 1565. *in-8.* 1 — 11

277 Consigli de gli animali di Ag. Firenzvola.
= Discorso del parlare, da Jer. Giov. da Capugnano. = Orationi nella morte di diversi
animali. *Venet.* 1622. *in-8.* ——— 1 — 1 o

278

---

# HISTOIRE NATURELLE.

---

*Histoire Naturelle des Métaux, des Pierres,*
*& Pierreries.*

279 L'A r t d'essayer les mines & les métaux,
trad. de l'Allemand de Schindlers, par M.
Geoffroy. *Paris*, 1759. *in-12.* ——— 1 — 2

3 — 12 { 280 Rob. Boyle exercitatio de origine & viribus Gemmarum. *Lond.* 1673. *in-*12.

281 Traité des Dragons & des Escarboucles, par J. B. Panthot. *Lyon,* 1691. *in-*12.

3 — 10  282 Traité philosophique des pierres & pierreries, contre l'opinion vulgaire, par Est. de Clave. *Paris,* 1635. *in-*8. *parch.*

3 — 1  283 Recherches & Observations naturelles touchant le corail, la pierrre étoilée, &c. par Boccone. *Amst.* 1674. *in-*12. *fig.*

3 — 1  284 Recherches & Observations curieuses sur la nature du corail blanc & rouge, vray de Dioscoride, & sur la sangsuë qui se trouve attachée au poisson Xiphias, avec son anatomie, par Boccone. *Paris,* 1671. *in-*12. *fig.*

4 — 8  285 Essai sur l'Hist. naturelle des Corallines, par J. Ellis. *La Haye,* 1756. *in-*4. *fig.* Br.

*Histoire Naturelle des Eaux, Fleuves, Fontaines, Bains, Eaux-minérales & de la Mer.*

4 — 4  286 Fr. Blondel Thermarum Aquisgranensium & Porcetanarum Elucidatio. *Aquisgranensis,* 1688. *in-*4. *fig.*

1 — 10  287 De l'origine des Fontaines, par P. Perrault. *Paris,* 1674. *in-*12.

4 — 6  288 Traité historiq. des Eaux & Bains de Plombieres, de Bourbonne, de Luxeuil, & de Bains, par le R. P. D. Calmet. *Nancy,* 1748. *in-*8.

1 — 16  289. Joh. Herbini Dissertationes de admirandis mundi cataractis supra & subterraneis, de loco Paradisi. *Amstel.* 1678. *in* 4. *fig.*

48 — "  290 Histoire Physique de la mer, Ouvrage enrichi de figures dessinées d'après le naturel, par L. Ferdinand, Comte de Marsilli. *Amst.* 1725. *in-fol.* M. R.

291 Effai fur l'Hift. naturelle de la mer adriatique,
par le Doct. Vitaliano Donati , avec une lettre
de Léonard Sefler , fur une nouvelle efpece de
plante terreftre. *La Haye ,* 1758. *in* 4. *fig.* Br. — ₧ — 1₀

292 Hiftoire des Vents , où il eft traité de leurs
caufes & de leurs effets , trad. de Fr. Bacon ,
par J. Baudoin. *Paris ,* 1650. *in*-8. ——— L — 1₀

*Hiftoire Naturelle ; Traité d'Agriculture , & des
chofes Ruftiques.*

293 Difcours économique , non moins utile que
récréatif , par Prudent le Choyfelat. *Paris ,*
1569. *in*-8. ——— 6 — "

294 Difcours économique , non moins utile que
récréatif , montrant comme de cinq cens livres
pour une fois employées , l'on peut tirer par
an quatre mil cinq cens livres de proffit honnête , qui eft le moyen de faire profiter fon
argent , par Prudent le Choyfelat. *Paris ,* 1581. 3 — 8
*in*-8. *V. F.* un Double ——— ——— 3 — 1₀

295 Les Plaifirs des champs , en vers , divifé en
iv livres , felon les iv faifons de l'année , par Cl.
Gauchet , aug. d'un Devis d'entre le Chaffeur
& le Citadin , avec l'inftruction de la venerie ,
volerie & pêcherie. *Paris ,* 1604. *in* 4. *parch.* — 2 — "

*Hiftoire Naturelle des Plantes , des Arbres , des
Fruits , & des Fleurs.*

296 Hiftoire du Monde de Pline fecond , trad.
en François par Ant. du Pinet. *Lyon ,* 1562.
2 *vol. in-fol.* ——— 8 — 1₅

297 Joan. Commelini horti Medici Amfteloda-
menfis rariorum plantarum defcriptio & icones , 28 — 9

opus pofthumum, curâ Frid. Ruyfchii & Franç.
Kiggelaer, latinitate donatum. *Amftelod.* 1697
& 1701. *2 vol. in-fol. fig.*

298 Cafp. Commelin, Præludia botanica ad
publicas plantarum exoticarum demonftratio-
nes. *Lugd. Batav.* 1703. *in-4. fig.*

299 Hiftoire générale des Plantes, par Dale-
champs. *Lyon,* 1615. *2 vol. in-fol. fig.*

300 Mémoires pour fervir à l'Hift. des Plantes,
par Dodart. *Paris, Impr. Royale,* 1679. *in-12.*

301 Catalogue des Plantes cultivées à préfent
au Jardin Royal des Plantes médicinales, établi
par Louis-le-Jufte, avec le Plan de ce Jardin,
par Guy de la Broffe, Méd. *Paris,* 1641. *in-4.*

302 Anatomie des Plantes, trad. de l'Anglois
de Grew. *Paris,* 1675. *in-12. fig.*

303 Abrah. Muntingii Phytographia curiofa,
exhibens arborum, fruticum, herbarum &
florum icones, ftudio Franç. Kiggelaer. *Amftel.*
1713. *in-fol.*

304 Jo. Bapt. Ferrarii de florum cultura, Libri
IV. *Roma,* 1633. *in-4. fig. V. éc. D. S. T. F. D.*

305 J. Bapt. Ferrarii Hefperides five de Malorum
aureorum cultura & ufu, Lib. IV. cum fig.
*Roma,* 1646. *in-fol.*

306 Emanuelis Sweerti Florilegium. *Francof.*
1612. *in-fol. fig. M. R.*

307 Traité de la culture parfaite de l'Oreille-
d'Oûrs, ou Auricule. *Brux.* 1735. *in-12.*

308 Hiftoire naturelle des Fraifiers, par M. Du-
chefne. *Paris,* 1766. *in-12. fig. Br.*

309 Traité des Fougeres de l'Amérique, par le
R. P. Ch. Plumier. *Paris, Imp. Roy.* 1705.
*in-fol. fig. Gr. Pap. M. Bl.*

310 Joh. Duchoul, Lugdunenfis, varia Quercûs
hiftoria,

*historia, nec non Pilati montis descriptio , & libellus de observatione prosperæ valetudinis. Lugd. Guill. Rovillius , 1555. in-8. fig. rare.*

*Histoire Naturelle des Animaux , des Insectes & des Coquillages.*

311 Th. Bartholini de Unicornu. *Amstel.* 1678. *in-*12. *Br.*

312 Hist. des Animaux à quatre pieds, des Oiseaux , des Poissons, des Serpens, recueillie de Gesner. *Paris ,* 1619. ⸗ Harangues lamentables sur la mort de divers Animaux , extraites du Tuscan ; livre fort plaisant & facétieux , pour récréer tous Esprits amateurs de gentillesse. *Lyon ,* 1569. *in-*16.

313 Traité des Animaux ayant aîles , qui nuisent par leurs piquûres & morsures, avec les remedes, par J. Bauhin. *Montbéliart,* 1593. *in-*12. *fig.*

314 Nouvelles expériences sur la Vipere , par Charas. *Paris ,* 1672. *in-*8. *fig.*

315 Destructorium vitiorum ex similitudinum creaturarum exemplorum appropriatione per modum dialogi. *Lugd. Claud. Nourry.* 1511. *in-*4. *fig. en bois.*

316 Essai sur l'Histoire naturelle du Polype, par H. Baker, trad. de l'Angl. par M. P. Demours. *Paris ,* 1746. *in-*12. *fig. Br.*

317 Mémoires pour servir à l'Histoire du genre de Polype d'eau douce , par M. Trembley. *Paris ,* 1744. 2 *vol. in-*12. *fig. Br.*

318 Traité d'Insectologie , ou Observations sur les Pucerons, par Ch. Bonnet. *Paris ,* 1745. 2 *vol. in-*12. *fig. Br.*

319 Hist. naturelle de la Lithologie & la Con-

chyologie, augmentée de la Zoomorphose. *Paris, 1742. & 1757. 2 vol. in-4. fig.*

## CATALOGUES D'HIST. NATURELLE, *de Tableaux, Deffins, Eftampes, &c.*

7 — 10   320 Catalogues d'Hiftoire naturelle, de Tableaux, Deffins, Eftampes, Peintures à Gouache, Miniatures, Bronzes, Ivoires, Terre cuite, &c. au nombre de trente-fix, difpofés par Pier. Remy, provenant des fucceffions de MM. d'Argenville, Aved, Audran, de Bauffer, de Beringhen, de Blondel de Gagny, de Boucher, de Bourlamaque, de Bure, de Challe, de Choifeul, du Prince de Conty, de Crozat, du Duc des Deux-Ponts, Dezalier d'Argenville, du Bois-Jourdain, de Fortier, de Gaignat, de Gaillard de Gagny, de la Guiche, de la Haye, de Jullienne, de la Live de Jully, de Morand, Ogier, Peilhon, de Pompadour, Proufteau, Savalette de Buchelay, de Selle, du Duc de Sully, de Troy, du Comte de Vence, Villeminot, du Marq. de Villette pere. = *Plus*, vingt-trois Catalog. *Idem*, anonymes, difpofés par le même.

14 — 4   321 Catalogue fyftématique & raifonné des curiofités de la Nature & de l'art, qui compofent le Cabinet de M. Davila, difpofé par M. Delifle. *Paris, 4 vol. in-8. fig.*

3 — 12   322 Catalogue raifonné des différens objets de curiofités dans les Sciences & Arts, qui compofent le Cabinet de feu M. Mariette, difpofé par F. Bafan. *Paris, 1775. in-8. Br.*

1 — 10   323 Catalogue des curiofités naturelles, qui compofent le Cabinet de M. de ***. *Paris, 1774. in-8.*

324 Catalogue raisonné des Fossiles, Coquilles, Minéraux, Pierres précieuses, Diamants, Dessins, &c. qui composent le Cabinet de feu M. Babault, disposé par les sieurs Picard & Glomy. *Paris, 1763. in-12. avec les prix.*  2 – ..

326 Catalogues *in-12.* d'Histoire naturelle, Tableaux, Dessins, Estampes, &c. au nombre de huit, disposés par J. B. Glomy, provenant des successions de MM. Bailly de la Tour, Brochant, l'Ainé, &c.

327 Catalogue de différens Effets précieux, tant sur l'Hist. naturelle, que sur plusieurs autres genres de curiosités, disposé par P. C. A. Helle. *Paris, 1763. in-12.*  —— 2 – 8

328 Catalogues *in-12.* d'Hist. naturelle, Bronzes, & autres curiosités Egyptiennes, au nombre de quatre, disposés par les sieurs Helle & Remy, provenant des successions de MM. Hennin, du Duc de Sully, &c.

329 Catalogue des Tableaux, Dessins, Marbres, Bronzes, Modeles, Estampes, &c. du Cabinet de feu M. Coypel, disposé par M. Mariette. *Paris, 1753. in-12. Br. double.*  2 – 5

330 Catalogues *in-8.* & *in-12.* de Tableaux, Dessins, Estampes, Sculptures en Terre cuite, Bronzes, Porcelaines, &c. au nombre de quarante, disposés par M. Joullain, provenant des successions de MM. Bourlat de Montredon, le Clerc, Huquier, Crébillon, du Marq. de Lassay, Guerard, le Doux, Tournier, &c. —— 2 – 2

331 Catalogue raisonné des Tableaux, Sculptures, Marbres, Bronzes, Dessins & Estampes, du Cabinet de feu M. le Duc de Tallard, disposé par les sieurs Remy & Glomy. *Paris, 1756. in-12.*  —— 2 – 10

332 Catalogue raisonné de toutes les Pieces qui forment l'Œuvre de Rembrandt, comp. par feu M. Gersaint, & augmenté par les sieurs Helle & Glomy. *Paris,* 1751. *in-*12.

333 Catalogues *in-*8. de Tableaux, Dessins, Estampes, &c. au nombre de quinze, disposés par F. Basan, provenant des successions de MM. Bouchardon, Mariette, Quarré de Quintin, L. M. Vanloo, &c.

334 Catalogues *in-*12. d'Hist. naturelle, de Tableaux, Dessins & Estampes, &c. au nombre de quatre, disposés par les sieurs Helle & Glomy, provenant des successions de MM. Bailly, Petitot, Potier, &c.

335 Catalogues raisonnés, de Bijoux, Porcelaines, &c. de M. Angran de Fonspertuis, — de M. Bonnier de la Mosson, — de M. de Lorangere, — de M. Godefroy, — du Chevalier de la Roque, par M. Gersaint, 4 *vol. in-*12.

336 Catalogue du Cabinet d'Hist. naturelle & d'Antiquités de M. le Duc de Caylus. *Paris,* 1772. *in-*8.

337 Soixante - quinze Catalogues, *in-*8. d'Hist. naturelle, de Tableaux, Estampes, Dessins, &c.

338 Soixante Catalogues, *in-*12. d'Hist. naturelle, Tableaux, Estampes, Dessins, &c.

# MÉDECINE.

*Traités singuliers de Médecine, de la Santé, de la Boisson, de la Cuisine, des maladies des Femmes, de la Peau, des Venins, des Eunuques, des Hermaphrodites, & des Géants.*

339 Hippocrate dépaïsé, ou la Version paraphrasée de ses Aphorismes, en Vers franç. par M. L. de F. *Paris,* 1654. *in-*4.

340 Augerii Ferrerii vera medendi Methodus , duobus libris comprehensa , ejufdem Caftigationes Practicæ Medicinæ. *Tolofæ ,* 1557. *in-*12. *M. R.* ——— 3 — 12

341 Specimen Medicinæ finicæ , edente And. Cleyer. *Francof.* 1682. *in-*4. *fig.* ——— 3 — 18

342 Regimen Sanitatis per Magiftrum Maynum, = de conficiendis vinis & eorum proprietatibus ejufdem Autoris Mainy. == De regimine & confervatione fanitatis à Magiftro Arnoldo de Villa Nova libri duo. = Liber de Venenis à Magiftro Petro Hebano. = Liber de Regimine Sanitatis per Scholam Salerni. == Liber de Venenis Serpentùm. = Liber de Interpretationibus fomniorum. == Liber Judiciorum de bonitate aut malicia quatuor temporum anni fecundum quod dies Nativitatis Domini diverfè cadit in litteris Dominicalibus. == Tractatus de fortuna infortunio virorum , mulierum qui nafcuntur fub dominio duodecim fignorum Zodiaci cœli. == Epiftola intitulata fecreta fecretorum Ariftotelis metrice compofita , fed extracta ex profa ipfius Ariftotelis ut patet in prologo fubfcripto. *Codex MSS. in membranis initiales Litteræ aureæ , ligatura , antiqua ,in-*4. ——— 30 —

343 Hiftoire de la Santé , & de l'Art de la conferver, par Jaq. Mackenzie. *La Haye ,* 1759. *in-*8. ——— 2 —

344 Hiftoire des Perfonnes qui ont vécu plufieurs fiecles , & qui ont rajeuni, avec le fecret du rajeuniffement, par de Longueville Harcouet. *Paris ,* 1715. *in-*12. ——— 3 — 1

345 L'Art de vivre longuement fous le nom de — 3   7

Médée, par P. Jacquelot. *Paris*, 1632. *in-12.*

4 —. 346 Le Secret de retarder la Vieilleſſe, ou l'Art de rajeunir, & de conſerver la ſanté. *Paris*, 1668, *in-12.*

6 — 1 347 Commentaire en Vers franç. ſur l'Ecole de Salerne, par M. D. F. C. *Paris*, 1671. *in-12.* M. *Bl.*

18 — .. 348 Th. Bartholini & Henr. Meibomii, tractatus de uſu flagrorum in re medicâ & venereâ; acced. verò diſſertatiunculæ Joach. Olhaſii, & Olai Wormii .de Lumborum & Renum officio. *Francof. Dan. Paulus*, 1670. *in* 12.

( Petit Traité ſingulier & rare de cette Edition. )

1 — .. 349 L'Onaniſme, par M. Tiſſot. *Lauſ.* 1764. *in-12. en feuil.*

6 — .. 350 Les Promenades printannieres de A. L. T. M. C. *Paris*, 1586. *in-16.*

6 — 10 351 L'avant-goût du Vin; déclaration de ſa nature; faculté médicinale & alimentaire, par Engelbert Lamelin. *Douay*, 1630. = Les merveilleux effets du Vin, ou maniere de guérir avec le Vin ſeul ou mixtionné, facilement & ſans grande dépenſe, les plus longues & enracinées maladies, par Meyſſonnier. *Lyon*, 1639. *in-8.*

3 — 14 352 Livre des propriétés du Vinaigre, compoſé par B. de Cavigiolles de Maſſarie. *Poitiers*, 1541. *in-16. double.*

2 — 1 353 Hiſtoire naturelle du Cacao & du Sucre. *Paris*, 1719. *in-12. fig.*

2 — 1 354 Le bon uſage du Thé, du Café, & du Chocolat, par de Blegny. *Paris*, 1687. *in-12. fig.*

4 —. 355 Cœlii Apitii de re Culinariâ libri. X. = Plati-

næ de Tuenda valetudine, natura rerum, &
Popinæ Scientia Libri X. Pauli Æginetæ de
Facultatibus alimentorum, Tract. ex verf. Al-
bani Torini. *Bafil.* 1541. *in-4.*

356 Le Cuifinier franç. par de la Varenne. *La
Haye*, 1656. = Le Patiffier franç. *Amft.* 1655.
= Le parfait Limonadier, par Maffon. *Paris*,
1705. *3 vol. in-12.*                                    4 — "

357 Maniere d'amolir les os & de faire cuire
toutes fortes de viandes en fort peu de tems
& à peu de frais, par Papin. *Paris*, 1682. *in-12.* — 1 — 17

358 Traité des Maladies les plus fréquentes, &
des Remédes propres à les guérir, par Helve-
tiùs. *Paris*, 1724. 2 *vol. in-8.* M. R.             9 — "

359 Obfervations fur les Accouchemens & Maladies des Femmes, avec le Recueil des Secrets, & les plus rares Expériences pour diverfes Maladies, par Louife Bourgeois, dite Bour-
fier. *Paris*, 1653. *in-8.*                           2 — 10

360 Traité des Maladies des Femmes groffes,
par Fr. Mauriceau. *Paris*, 1694. *in-4. fig.* —     4 — 1

361 Obfervations importantes fur le Manuel des
Accouchemens, trad. du lat. de Henri de De-
venter, par Jacq. J. Bruhier d'Ablaincourt.
*Paris*, 1733. *in-4. fig.* M. Bl.                     7    10

362 Della Commare di Scip. Mercurii. *in Ve-
rona*, 1642. *in-4. fig.*                              6 — 1

363 Differtation phyfique fur la force de l'imagination des Femmes enceintes fur le fœtus,
par J. Blondel, trad. de l'angl. par A. le Brun.
*Leyde*, 1737. *in-12.*                                4 — 17

364 Lettres fur le pouvoir de l'imagination des
femmes enceintes. *Paris*, 1745. *in-12.* —          3 — 1

365 Traité des maladies de l'œil, par Ant. Maître Jan. *Troyes*, 1707. *in-4.*                       3 — "

366 Joan. Tardini Difquifitio Phyfiologica de Pilis. *Turnoni*, 1609. *in*-8.

366 * Le Chauve, ou le Mépris des Cheveux, par J. Dant. *Paris*, 1621. *in*-8.

367 Marci. Ant. Ulmi Phyfiologia Barbæ humanæ. *Bononiæ*, 1603. *in-fol.*

368 La Pogonotomie, ou l'art d'apprendre à fe rafer foi-même, par Perret. *Paris*, 1769. *in*-12. *fig. Br.*

369 Hiftoire des embelliffemens, avec la méthode pour guérir les maladies du cuir, de l'invention de L. P. D. L. Méd. *Paris*, 1616. *in*-8.

370 Secrets concernant la beauté & la fanté, par de Blegny. *Paris*, 1638. 2 *vol. in*-8.

371 Traité du Ris, contenant fon effence, fes caufes, & merveilleux effais, par Laur. Joubert; & la caufe morale du ris de Démocrite. *Paris*, 1579. *in*-8. *M. Bl.*

372 And. Baccii Elpidiani, de venenis & antidotis. *Romæ*, 1586. = Tratato della natura de cibi & del bere, del Sig. Baldaffare Pifanelli. *in Venetia*, 1587. *in*-4.

373 Martinus de Feurarius de vitandis venenis, anno 1456 fcripfit. *MSS. fur vélin*, *in*-4.

( Très-bien confervé. )

374 Traité des venins de P. d'Abano, trad. du Lat. en Franç. par Luz. Boet. *Lyon*, 1593. *in*-16.

375 Traité de la maladie nouvelle, appellée Criftaline, & autres œuvres, par T. Guillaumet. *Lyon*, 1691. *in*-12.

376 Traité des Eunuques, par Charles Ancillon. 1707. *in*-12. *V. Éc.*

377 Traité de la diffolution du mariage, par l'impuiffance & froideur de l'homme ou de la femme. *Paris*, 1595. *in*-8.

378 C. Bauhini de Hermaphroditorum, monf-
trosorumque partuum naturâ lib. duo, cum
figuris. *Oppenheimii*, 1614. *in-8.*

379 Gigantologie ; Histoire de la grandeur des
Géants. *Paris*, 1618. *in-8.*

380 Antigigantologie, ou Contre-discours de la
grandeur des Geants, par Habicot. *Paris*,
1618. *in-8.*

381 Le Mastigophore, ou Précurseur du Zodiaque, auquel, par maniere apologétique, sont
brisées les brides à veaux de Maître Juvin
Solanique ( Nic. Vivian ) Pénitent repenti,
Seigneur de Morddrect & d'Amplademus en
parti du côté de la Mouë, trad. du lat. par
Vict. Grève. ( Ant. Fusi. ) 1609. *in-8. parch.*

382 Histoire de l'inappétence d'un enfant de
Vauprofonde, prez Sens, de son désistement
de boire & de manger quatre ans onze mois,
& de sa mort, par S. de Provenchetes. *Sens*,
1616. *in-8.*

383 Apologie pour les Médecins, contre ceux
qui les accusent de déférer trop à la nature,
& de n'avoir point de religion, par Lussauld.
*Paris*, 1663. *in-12.*

## CHIRURGIE, PHARMACIE.

384 Traité des connoissances des parties du corps
humain ; ce livre est appellé *Thesaurus pauperum. in-8. MSS. sur vélin.*

( Ce Manuscrit paroît être fort ancien. )

385 Description d'une bouche sans langue, laquelle parle, & fait naturellement toutes

ſes autres fonctions , par J. Roland. *Saumur,* 1630. *in-*12.

386 Cinq livres de la maniere de nourrir & gouverner les enfans dès leur naiſſance , par de Vallambert. *Poitiers,* 1695. *in-*4.

387 Dictionnaire univerſel des drogues ſimples, par Lemery. *Paris,* 1733. *in-*4. *fig.* M. R.

388 Les Œuvres de Jacq. & Paul Contant , pere & fils, Apothicaires, diviſées en cinq traités. *Poitiers,* 1640. *in-fol. fig.*

389 Déclaration des abus & tromperies que font les Apothicaires , compoſée par M. Liſſet Benancio. = Déclaration des abus & ignorances des Médecins, compoſée par P. Braillé , Apothicaire ; pour réponſe contre Liſſet Benancio, Médecin. *Rouen,* 1557. *in-*16.

390 Le Jardin médicinal , enrichi de pluſieurs & divers remedes & ſecrets , comp. par Ant. Mizald. 1578. *in-*8.

### *CHYMIE ET ALCHYMIE.*

391 Apologie du grand Œuvre , ou Elixir des Philoſophes , dit vulgairement Pierre Philoſophale, par l'Abbé D. B. *Paris,* 1659. *in-*12.

392 Philoſophie naturelle d'Artephius, Flamel, & Syneſius , traitant de l'art occulte & de la tranſmutation métallique , avec traité du mercure , & de la pierre des Philoſophes de G. Ripleus , par P. Arnauld. *Paris,* 1682. *in-*4.

393 Philip. Ulſtadii Cœlum Philoſophorum , ſeu liber de ſecretis naturæ. *Argent.* 1535. = Julii Higini Pœticon Aſtronomicon. *Colonia,* 1539. *in-fol. fig.*

394 Apologie du grand œuvre , ou Elixir des Philosophes , dit vulgairement Pierre philosophale , où la possibilité de cette œuvre est démontrée très-clairement , par l'Abbé D. B. 1659. = Traité des Talismans , ou figures astrales , dans lequel est montré que leurs effets & vertus admirables sont naturelles , & enseigne la maniere de les faire & de s'en servir avec un profit & advantage merveilleux. = La poudre de sympathie justifiée. Par. 1658. in-12. — ʒ —

.395 La Toison d'or , ou la fleur des trésors , en laquelle est traité de la pierre des Philosophes , enrichie de figures & des propres couleurs représentées au vif, selon qu'elles doivent nécessairement arriver en la pratique de ce bel œuvre , par Salomon Trifmosin. = Le Miroir d'Alquimie de Jean de Meun , avec la table d'émeraude d'Hermès Trifmegiste. Plus , le Livre des secrets d'Alchymie, de Calib , Juif , ensemble de l'admirable puissance de l'art & de nature , par R. Bachon. *Paris* , 1612. in-8. parch. rare.

396 Opuscule très-excellent de la vraie Philosophie naturelle des métaulx , par D. Zecaire, *Anvers* , 1568. = De la transformation métallique , trois anciens traités en rithme Françoise , à sçavoir , la Fontaine des amoureux de science , les Remontrances de nature à l'Alchymiste errant , avec la réponse dudit Alchy. par I. de Meun ; ensemble un Traité de son Romant de la Rose , concernant ledit Art. = Le Sommaire philosophique de N. Flamel, &c. *Paris* , 1561. in-8. Lav. regl.

397 Tombeau de la folie , où l'on prouve la réalité & la possibilité de la pierre philosophale.

& d'autres raifons & autres expériences qui en font voir l'abus & l'impoffibilité, par de la Martiniere. *Paris*, *in-12.*

398 Le Triomphe Hermitique, ou la Pierre Philofophale victorieufe. *Amft.* 1699, *in-12.*

399 L'Elixir des Philofophes, autrement, l'Art tranfmutatoire moult utile, attribué au Pape Jean XXII. *Lyon*, 1557. *in-16.*

400 Quatre Traités de la Philofophie Naturelle; fçavoir, la Turbe des Philofophes, la Parole délaiffée de Bern. Trevifan. == Les deux Traités de Corn. Drebel, avec le très-ancien duel des Chevaliers. *Paris*, 1672, *in-12.*

401 De l'Œuvre minérale, où eft enfeignée la féparation de l'or des pierres à feu, fable, argile, & autres foffiles, par l'efprit de fel = La confolation des Naviguants, dans laquelle eft enfeigné à ceux qui voyagent fur mer un moyen de fe garantir de la faim, de la foif & des maladies qui pourroient leur furvenir. = Traité de la Médecine univerfelle; ou le vrai or potable. = La teinture de l'or, ou le véritable or potable, par J. R. Glauber. *Paris*, 1659, *in-8.*

402 Defcription des nouveaux fourneaux philofophiques, par J. R. Glauber. *Paris*, 1659. *in-8. fig. parch.*

403 Les Aventures du Philofophe inconnu en la recherche & en l'invention de la Pierre Philofophale. *Paris*, 1674. *in-12.*

404 Les Rudimens de la Philofophie naturelle, touchant le fyftême du corps mixte, par Nic. Locques. *Paris*, 1665. *in-8.*

405 Les Œuvres de Jean Belot, Curé de Mil-Monts. *Rouen*, 1669, *in-8. V. F. F. D.*

406 Inftruction à la France fur la vérité de l'Hift.

des Freres de la Rose-Croix, par G. Naudé. *Paris*, 1623. *in-8. parch.*

407 Advertissement pieux & très-utile des Freres de la Rose-Croix, mis en lumiere par Hen. Neuhous. *Paris*, 1623. *in-8.*

408 Dissertation sur l'Antimoine, par Lami. *Paris*, 1682. *in-12.*

409 Discours fait en une célèbre assemblée touchant la guérison des playes, & la composition de la poudre de sympathie, par Digby, avec divers secrets pour la conservation de la beauté des Dames. *Utrecht*, 1681. *in-12.*

409* Nic. Papinii de Pulvere sympathico. == De la Macreuse & de la Poudre de sympathie, par J. Callier. == Discours de l'abus de la Poudre de sympathie, par Sauvageon. *Paris*, 1650. *in-8.* —

410 Le Comte de Gabalis, ou Entretiens sur les Sciences secrettes, avec les Génies assistans. *Amst.* 1715. 2 *vol. in-12.* —

411. Satyre contre les Charlatans, & Pseudomedecins empyriques, en laquelle sont découvertes les ruses & tromperies de tous Thériacleurs, Alchymistes, Chymistes, Paracelsistes, Distilateurs, Extracteurs de quintessences, Fondeurs d'or potable, &c. en laquelle d'ailleurs sont réfutées les erreurs, abus, impiétés des Iatromages ou Médecins, Magiciens, qui usent des charmes, billets, paroles, invocations des Démons, en la cure des maladies, par Th. Sonnet. *Paris*, 1610. *in-8.* —

412 Satyre contre les Charlatans & Pseudomedecins empyriques, par Th. Sonnet. *Paris*, 1610. == Remontrances sur l'abus des Charlatans, Pipeurs & Enchanteurs, par Barth. de Laffemas. *Paris*, 1601. *in-8. parch.* —

# MATHÉMATIQUES.

## ASTRONOMIE.

2 — 2

413 Nouvelle méthode pour le jaugeage des seg-
ments , des tonneaux, ou solution d'un problême proposé par Kepler , par le P. Pezenas.
*in-4. fig.* M. R.

414 Artemidori Daldiani & Achmetis Sereimi
Oneirocritica, Gr. Lat. cum notis Nic. Rigaltii.
*Lut. Paris,* 1583. *in-4.*

2 — .

415 Geomancie Astronomique de Gérard de Cremone , pour sçavoir les choses passées , les
présentes , & les futures , trad. par de Salerne.
*Paris ,* 1687. *in-12.*

1 — ..

416 Jugements Astronomiques sur les Nativités,
par Auger Ferriere. *Lyon ,* 1582. *in-16.*

1 — 16

417 Le Point-du jour , ou Traité du commencement des jours , & de l'endroit où il est établi sur la terre, par Nic. Bergier, *Reims,* 1629.
*in-12.*

2 — 18

418 Méthode pour régler les Montres & les
Pendules, par Sully. *Paris ,* 1728. *in-12.* M. V.

## ASTROLOGIE.

### *Optique , Méchanique & Musique.*

7 — 18

419 Le Cueur de Philosophie, translaté de Latin
en François , de Placides , avec les réponses à
la Requête de Philippes-le-Bel, Roi de France.
*Paris , Ant. Verard ,* *in-4. Goth. fig.*

1 — 8

420 Livre d'Arcandam, traitant des Prédictions
d'Astrologie. *Paris ,* 1615. *in-16.*

1 — 10

421 Fr. Allæi Astrologiæ nova methodus. *Parif.* 1658. *in-fol.*

1 — 4

422 L'Alphabet de l'Astrologie, de l'Astronomie,

de la Genethliaque ou bien judiciere. *MSS.* *dédié à Marguerite de France, Reine de Navare. in-4. vel.*

423 Nativité d'une fille felon les regles aftrologiques. *MSS. fur vélin, in-8. V.* —— 4 — "

424 Prognofticatio Theophrafti Paracelfi. 1536. *in-4. fig.* —— 8 — "

425 Joan. Liechtenbergers Prognofticatio. 1526. *in-4. fig.* 8 —

426 Tractatus fingularis de poteftate Planetarum, anno falutis 1528 à Laurentio Frifuis naturæ Philofopho confcriptus. *Codex MSS. in membranis & litteris Gothicis exaratus.* == Généalogies de quelques familles, tant du pays de Liége que de Flandres, &c. parmi lefquelles on remarque particuliérement la Maifon DE HEU, avec des Portraits peints en miniature. *MSS. fur vélin, en lettres Goth. in-4.* M. R. 81 — "

( Rare, Voy. le Catalog. de M. Gaignat, N°. 1256. )

427 De l'Aftrologie judiciaire, par Bordelon. *Paris, 1689. in-12.* —— 1 — 18

428 La Géomance de Chriftofe de Cattan, avec la Roue de Pythagoras. *Paris, 1558. in-4.* — 7 — 4

429 Microfcopium Phyfiognomiæ-Medicum, id eft Tractatus de Phyfiognomia, Aut. Fred. Helvetio. *Amftel. 1678. in-12. fig.*

430 La Metopofcopie de H. Cardan, comprife en XIII. livres, & huit cent figures de la face humaine. *Paris, 1658. in-fol.* 6 — "

431 Mirabilis Liber qui Prophetias revelationes. *Parif. fans date, Goth. in-8.* V. F. F. D. — 2 — 6

432 Les Prophéties de Michel Noftrodamus *Lyon, Rigaud. 1568. in-16.* —— 3 — "

433 Profetie dell'Abate Gioachino & di An- 8 — "

selmo Vescovo di Marsico. *in Padoua.* 1625. *in-4. fig.*

2 - " 434 J. M. Maraviglia de fide Divinationibus adhibenda. *Venet.* 1662. *in-fol.*

2 - 10 435 Les Devins, ou Commentaire des principales fortes de Devinations, trad. du Latin de G. Peucer. *Anvers,* 1584. *in-4.*

2 - 2 436 La Théorie des fonges, par l'Ab. Richard. *Paris,* 1766. *in-12.*

1 - 4 437 La Chiromance médicinale, tra dde l'Allemand de Ph. May, par Ph. Henry Treuchfes. *La Haye,* 1665. *in-12.*

1 - 10 438 Sintagma in quo variæ eximiaque corporum diagrammata ex præscripto opticæ exhibentur. *Amstel.* 1618. *in-fol.*

24 - 1 439 Elévation des eaux, par toutes fortes de machines, réduite à la mesure, au poids & à la balance, préfentée à Louis XIV. par le Chevalier Morland. *MSS. fur vélin de* 1683. *avec plufieurs deffins coloriés,* *in-4.* M. R.

150 - " 440 Mufica Guidonis, & Abaci Tabulæ & de Aftrolapfu. *MSS. fur vélin, du* XI. *fiecle,* *in-fol.*

Par une note MSS. de feu M. Picard la I[e]. part. eft un Difcours *intitulé* Micrologue fur la Mufique, par Guidon, précédé d'une lettre en forme d'Epitre Dédicatoire à Teobalde, Supérieur de l'Abbaye d'Arezzo. Il y a dans le Latin, *ad Teobaldum Aretinæ Civitatis fuperiorem*, ce qui détermine que le terme *Civitatis*, eft employé pour Abbaye ou Communauté, & que dans le commencement de la lettre Guydon l'appelle le plus digne de fes Prêtres, & dit qu'il fouhaiteroit être le plus petit de fes Moines.

Cet Ouvrage eft diftribué en cinq part. dont la II. eft en vers, & traite de la voix, de la compofition, de l'exécution, & du Plain-Chant ; la III. part. qui eft du même Auteur, contient une Differtation fur l'Aftrolabe. Cet Ouvrage eft auffi précédé d'une

d'une lettre à un Pere *Irarius*, Moine, dont il ne
nomme point l'Ordre. La suite de ce MSS. contient
l'exposition de la Table d'*Abacus*, un Traité de l'é-
querre, de la section des lignes, de l'Astrolabe, de
la Sphere, de l'Astrologie, de la façon de faire des
Cadrans, &c.

441 Balet comique de la Roine, fait aux nopces
du Duc de Joyeuse, & de Mlle. de Vaude-
mont sa sœur, par Balt. de Beaujoyeulx. *Paris*,
1582. *in*-4. *fig.* —————— 6 — "

# A R T S.

442 Dictionnaire raisonné des Sciences, des
Arts & des Métiers. *Paris*, 1751 & ann.
*suiv.* 28 *vol. in-fol. fig. prem. Edit.* ——— 62 ₀ — "

443 Les singuliers & nouveaux Pourtraicts de
Frederic Vinciolo, Venitien, pour toutes sortes
d'ouvrages de Lingerie, de plusieurs carrez de
poinct de rebort, figure de réseau, de poinct
coupé, grands & petits passements à jour,
& dentelles exquises. *Paris*, 1606, 1613 &
1623. 3 *vol. in*-4. Br. ————— 8 — "

444 Nouveaux Pourtraicts de Point coupé &
Dentelles en petite, moyenne & grande forme, 1622. *in*-4. ——————— 3 — "
                                        2 — "
                                        1   1 ₀

445 La pratique de l'Aiguille industrieuse de
Matth. Mignerak, Anglois, Ouvrier fort
expert en toutes sortes de Lingerie, 1605. =
La fleur de la science de Pourtraicture, &
Patron de Broderie, façon Arabique & Itali-
que. *Paris*, 1530. = Livre nouveau, dict Patrons de Lingerie à poinct croisé, poinct cou-
ché, poinct piqué, en fil d'or, d'argent, soye   4 ₀ — "

H

& autres, comprenant l'art de Broderie & Tis-
soterie. = S'ensuyvent les Patrons d'Antoine
Belin, reclus de S. Martial de Lyon. *Item*,
plusieurs autres beaulx Patrons nouveaux, qui
ont esté inventez par Jehan Mayol, Carme.
*Lyon.* = Le Pompe, opera nova nella quale si
ritrovano varie & diverse sorti di mostre, per
Poter far cordella over Bindelle, d'oro, di seta,
di filo overo di altra cosa, &c. *in Venetia*,
1559. = Il monte opera nova, nella quale si
ritrova varie, & diverse sorti di mostre, di
punti in aiere, à fogliami. = Le livre de Lingerie, composé par Dominique de Sara, italien, enseignant le noble & gentil art de l'Es-
guille. *Paris*, 1584. Nouveaux Pourtraicts de
Poinct coupé & Dantelles en petite, moyenne, & grande forme. *Montbéliard*, 1602.
Corona nobili & virtuoso donne, 1593. =
De fiori, e disegni di varie sorti di Ricami
Moderni. *In Venet.* 1591. 6 vol. in-4. parch.

3 — 1   446 Le Tailleur sincere, par Boullay. *Paris*,
1671. *in-fol. fig.*

*Art de l'Ecriture, des Chiffres, & de la*
*Science de l'Imprimerie.*

1 — 10   447 Libellus valde doctus elegans, & utilis
multa & varia scribendarum litterarum genera
complectens. *Tiguri.* 1549. *in-4. obl. v.*

4 — 3   448 Alphabeta & Characteres, jam inde à crea-
to mundo, ad nostra usque tempora, apud
omnes omninò nationes usurpati, ex variis
autoribus accuratè deprompti, artificiosè &
eleganter in ære effecti & recens. Foras dati
per Jo. Theod. & Jo. Israel, de Bry. *Francof.*
1596. *in-4. obl. parch.*

449 Polygraphie & universelle Escriture caba-
listique de l'Ab. Tritheme, trad. par de Col-
lange. *Paris,* 1561. *in-4.* — 4 - 19

450 L'Art & Science de la vraie proportion des
Lettres attiques, ou antiques, selon le corps
& visage humain, par G. Tory. *Paris,*
1549, *in-8.* — 3 - 19

451 Pœcilographie, ou diverses Escritures propres pour l'usage ordinaire, avec une méthode
fort breve & facile pour les bien apprendre,
par de Beaugrand. *Paris,* 1598. *in-4. obl. parch.* — 1 - 10

452 Technographie ou Méthode pour parvenir
à la parfaite connoissance de l'Ecriture, par
Guil. Gangneur, 1599. *in-4. oblong.* Doubl — 3 - 8

453 Tacheographie, ou l'Art d'écrire aussi vîte 3 - 1
qu'on parle, par Ramsay, trad. du lat. par
A. D. G. *Paris,* 1681. *in-12.* — 3 - "

454 Champ fleury auquel est contenu l'art &
science de la proportion des lettres antiques,
& vulgairement lettres romaines, proportion-
nées selon le corps & visage humain; par 3 - 18
Franç. Tory. *Paris,* 1529. *in-4. parch.* Doubl 3 - 1

455 Béle Prérie, contenant divers caractères,
& différentes sortes de lettres Alphabetiques,
à sçavoir, lettres Romaines, de formes; lettres pour appliquer sur le reseuil ou lassis, &
autres pour marquer sur toile & linges, par 1 - 16
Pier. le Bé. *Paris,* 1601. *in-4. obl.* Doubl 1 - 16

456 Nouvelle-Méthode pour apprendre facilement l'art de toutes les Ecritures, par Duval.
*Paris,* 1735. *in-fol.* — 6 - "

457 Discours pour parvenir à la vraye intelligence de la lettre Italienne, avec la Méthode
qu'un Maître doit observer pour la bien ensei- 1 - 4

gner à ses disciples, par Lucas Materot. *Paris,* 1628. *in-4. obl. parch.*

458 Il modo & regola de scrivere littera corsiva over cancella rescha novamente composto, per Lud. Vencintino. *Antuerp.* 1545. *in-4. v.*

459 Il Secretario di Marcello Scalzini, Inventore Scrittore, in Roma. *In Venetia,* 1585. *in-4. obl.*

460 Arte de Ecrevir de Francisco Lucas. *En Madrid,* 1608. = Libro di Giov. Batt. Palatino nel quali s'insegna à scrivere ogni sorte lettera, antica & moderna. *In Roma,* 1545. = Arte subtilissima por la qual se ensegna à escrivir perfectamente, por Juan de Yciar. *En Caragoça,* 1550. *3 vol. in-4. parch.*

461 B. ab Helmont delineatio Alphabeti vere naturalis Hebraici, quæ methodum suppeditat, juxta quam qui surdi nati sunt sic informari possunt ut non alios saltem loquentes intelligant, sed ipsi ad sermonis usum perveniant. *Sulzbaci,* 1657. *in-12. fig. vél.*

462 Livre de Chiffres à double traits & armes, où l'on trouve les noms & surnoms, grav. par Mavelot, *in-4.*

463 Traité des Chiffres, ou secrettes manieres d'Ecrire, par Bl. de Vigenere. *Paris,* 1587. *in-4.*

464 Livre de toutes sortes de Chiffres, par Alphabets redoublés, dessignés par Desmarets. = Livre de Chiffres, par Alphab. à simple traits, par Mavelot, *Paris,* 1664. *in 8.*

465 La Science de l'Imprimerie, par Fertel. *S. Omer,* 1723. *in-4. fig.*

466 Epreuves générales des Caracteres qui se

trouvent chez Cl. Lamesle. *Paris*, 1742. *in-4.
en feuil.*

'467 Modeles des Caracteres d'Imprimerié, de J.
Fournier. *Paris*, 1745. *in-4. obl. en feuil.*

468 Epreuves & Recueil des Caracteres de N.
Gandot, Fondeur. *Paris*, 1745. *in-4. en feuil.*     6 — .,

*Arts de la Peinture , de la Gravure , & de
l'Architecture.*

469 Gynæceum, seu Theatrum mulierum , seu
habitus fœminei variarum nationum , per Jo-
doco Amano. *Françof.* 1586. *in-4. fig.* — 8 - 13

470 Traité de la Peinture de Leonard de Vinci ,
trad. de l'italien en franç. *Paris*, 1651. *in-fol. fig.* — 3 6 — .,

471 Essai sur la Peinture en mosaïque , par M. le
V***. *Paris*, 1768. *in-12.* — 2 — 12

472 Les travaux d'Ulysse , dessinés par de S.
Martin, & gravés par Theod. Van-Tulden.
*Paris*, 1633. *in-4.* — 6 — .,

473 Traité historiq. & pratiq. de la gravure en
bois, par Papillon. *Paris*, 1766. 2 *vol. in-8. fig.* — 7 — 16

474 Trattato delle Piante & Immagini de sacri
edifizi di terra santa, disegnate da Bernardino
Amico. *In Firenza*, 1620. *in-fol.* — 2 — 2

475 Traité des cinq Ordres d'Architecture, trad.
du Palladio, par le Muet. *Paris*, 1645. *in-8.* — 3 — .,

476 Parallele de l'Architecture antique & de la
moderne , sçavoir, Palladio & Scamozzi , Ser-
lio, & Vignole, &c. *Paris*, 1689. *in-fol. fig.* — 3 — .,

## *ART GYMNASTIQUE.*

*Traités du maniement des armes, des Chevaux, de la Chasse, des Jeux, & de quelques Arts Méchaniques.*

24 — .. 477 Academie de l'espée de Girard Thibault, 1628. *Gr. vol. in-fol. fig.*

96 — .. 478 Cours d'Hippiatrique, ou Traité complet de la Médecine des Chevaux, par M. Lafosse Hippiatre, orné de LXV. planches, gravées avec soin. *Páris*, 1772. *gr. in fol. V.* F. *s.* D. *b. & bord.*

Cet Exemplaire est enluminé avec beaucoup de soin.

1 — 19 479 Venatio & Aucupium iconibus Artificiosiss. ad vivum expressa, & succinctis versibus illustrata, per Joan. Adain. Lonicerum. *Francof.* 1582. *in-4. parch.*

8 — 18 480 La Venerie de Jacques du Fouilloux. *Paris*, 1601. *in-4. fig. V. F.*

3 — 12 481 La Venerie royale de Rob. de Salnove. *Paris*, 1665. *in-4.*

4 — 2 482 La Fauconnerie de Char. d'Arcussia, Seigneur d'Esparron, avec les Portraits, de leur nature & façon de les dresser. *Paris*, 1615. *in-4.*

8 — .. 483 Trois Dialogues de l'exercice de sauter & voltiger en l'air, par Turccaro. *Paris*, 1599. *in-4. fig.*

3 — 18 484 Orchesographie, & traité en forme de Dialogue, par lequel toutes personnes peuvent apprendre l'honnête exercice de la Danse, par Thoinot Arbeau, avec figures. *Langres*, 1589. = Aristoxeni elementa harmonica, & Cl. Ptolomæi harmonicorum Libri III. Latinè ex interpr. Ant. Gogavini. *Venet.* 1562. *in-4.*

485 Le Maître à danser, par Rameau. *Paris*, 1733. *in-8. fig.* — 3 _ ..

486 Traité abrégé de la Danse, par Joson. *Angers*, 1763. *in-12. M. R.* — 1 _ 2

487 Il Ballarino di Fabritio Caroso da Sermoneta, diviso in due trattati, ornato di molte figure intagliate in rame. *In Venetia*, 1581. *in-4.* parch. — 2 _ ..

488 Le Livre de Passe-temps de la fortune des Dez, ingénieusement compilé par Laurens Lespetit, translaté d'italien en franç. par Anthitus Fauré, 1528. *in-4.* — 4 _ ..

489 Pratique curieuse, ou les Oracles des Sibylles, inventée par Commiers, augmentée de la Fortune des Humains. *Brux.* 1700. *in-8.* — 1 _ 10

490 Le Jeu des Reynes renommées, *in-12. fig.* — 6 _ ..

491 Hart. Schopperi Panoplia omnium Illiberalium & mechanicarum artium. *Francof.* 1568. *in-8. fig.* — 7 _ 4

492 Le Miroir de l'Art & de la Nature, qui représente par des Planches en Taille-douce, tous les ouvrages de l'Art & de la Nature, des Sciences & des Métiers, en franç. en lat. & en allemand, par de Franqueville. *Paris*, 1691. *in-8.* — 8 _ ..

493 Mémoires sur différentes parties des Sciences & Arts, par M. Guettard. *Paris*, 1768. 3 vol. *in-4. fig. Br.* — 6 _ 1

494 Triompho di Fortuna, di Sigis. Fanti. *Roma*, 1527. *in-fol. fig.* — 9 _ ..

# BELLES-LETTRES.

## GRAMMAIRES ET DICTIONNAIRES.

495 **P**OMEY, indiculus universalis. *Lyon*, 1684. *in-12*.

496 Liber Apuley, de notâ aspirationis. = De Dipthongis. = Liber Prisciani de accentibus. = Liber de Numeris & Ponderibus. = Vazinus de rectè scribendi formula. *Codex MSS. seculi* xv. *in membranis*, in-4. V.

497 Novitius, Dictionarium Latino Gallicum. *Paris.* 1721. 2 *vol.* in-4.

498 Dictionnaire Franç. Latin, par le Brun. *Paris*, 1756. *in*-4.

499 L'Apotheose du Dictionnaire de l'Académie, & son expulsion de la Région Céleste. *La Haye*, 1694. *in*-12.

500 L'Enterrement du Dictionnaire de l'Académie. 1687. *in*-12. V. F.

501 Dictionnaire des Halles, ou Extrait du Diction. de l'Académie Franç. *Brux.* 1686. *in*-12.

502 Factums du Procès d'entre Furetiere & quelques Membres de l'Académie. *Amst.* 1694. 2 *vol.* *in*-12.

503 Dictionnaire Comique, Satyrique, Critiq. Burlesq. Libre & Proverbial, par le Roux. *Lyon*, 1735. *in*-8.

504 Trésor des Langues de cest univers contenant les origines, beautés, perfections, mutations,

mutations des langues , avec les langues des Animaux & Oiseaux, par Cl. Duret. *Yverdun.* 1619. *in-4. parch.*

505 Traité des Langues étrangeres , de leurs Alphabets & des Chiffres, par Colletet. *Paris,* 1660. *in-4. parch.*

506 Dictionnaire Espagnol & François, François & Espagnol , par Sobrino. *Brux.* 1760. 2 *vol. in-4.* } 12 — 4

## POETES GRECS.

507 Anthologia Gnomica , illustres veterum Græcæ Comœdiæ Scriptorum sententiæ, curâ Henr. Stephani. 1579 , *in 8. fig.* M. R. — 6 — ..

508 Les Iliades d'Homere , translatées de Latin en Langue vulgaire, par Jehan Samxon. *Paris,* 1430. *in-4.* Goth. — 3 — 4

509 Tableaux tirés de l'Iliade, de l'Odyssée d'Homere , & de l'Eneïde de Virgile. *Paris,* 1757. *in-8.* Br. 2 — ..

510 Les Fantastiques Batailles des grands Rois Rodilardus & Croacus, translatées de Latin en François. *Paris ,* 1534. *in-12.* — 3 — 19

511 Les Dionysiaques , ou les Voyages , les Amours & les Conquêtes de Bacchus aux Indes; trad. du Grec de Nonnus, par Boitet. *Paris,* 1625. *in-8. parch.* — 4 — 7

## POETES LATINS,

### *ANCIENS ET MODERNES.*

512 Metamorphoseon Ovidianarum Typi aliquot artificiosissimè delineati, ac in gratiam studiosæ juventutis editi per Crispianum Passæum. 1602. *in-4. obl.* V. F.     I — 10 — 12

513 L'Ovide en belle-humeur , par Daſſoucy. *Paris*, 1664. *in-*12.

514 L'Ovide Bouffon , ou les Métamorphoſes en vers burleſques , par Richer. *Paris* , 1665. *in-*12.

515 Juvenalis & Perſii Satyrarum. *Venetiis , apud Aldum*, 1501. *in-*8. *Lav. regl.* M. R.

516 Damaſii Blyenburgy Veneres Blyenburgicæ, ſive Hortus Amorum. *Dordraci,* 1600. *in-*8. *vél.*

517 Hortus Epitaphiorum ſelectorum. *Pariſiis,* 1648. *in-*12.

518 J. Bapt. Mantuani Opera. *Pariſ.* 1507. *in-fol. Gothiq.*

519 Les Eglogues de F. Bapt. Mantuan , trad. de Lat. en Franç. par Laur. de la Graviere. *Lyon* , 1558. *in-*8. V. M. F. D.

520 La Parthenice Mariane , de Bapt. Mantuan, tranſlatée de Latin en François. *Lyon* , 1523. *in-*4. *fig. Goth.*

521 La Grant Nef des Fols du monde , avec pluſieurs Satyres , trad. de l'Allem. de Sébaſtien Brandt , & tranſlatée en François par Jehan Drouin. *Lyon* , 1579. === La Grant Nef des Folles , avec des additions. *Lyon* , 1583. *in-*4. *fig. en bois.*

## POETES MACARONIQUES.

522 Ant. de Arena Poëmata Macaronica de Bragardiſſimâ villâ de ſoleriis , ad ſuos compagnones qui ſunt de perſonna friantes, Baſſas, Danſas , & Branlos Practicantes , &c. his poſterioribus diebus graſſis augmentatus & à mandatis Cornardorum , Abbatis YO , de Rothomago in lucem envoyatus Stamparus in Sta

patura Stampatorum, 1670. = Nova novorum
noviſſima, ſive Poëmata ſtylo Macaronico
conſcripta quæ faciunt crepare lectores ob ni-
mium riſum, & ſaltare capras & ſemias,
res nunquam anteà viſa; compoſita & aug-
mentata per Berthol. Bollam. *Ibid.* 1670. *in-*12.
*parch.*

( Voy. la Bibliographie inſtruct. N. 2957 )

523 Hiſtoire Macaronique de Merlin Cocaïe,
trad. en Franç. *Paris,* 1734. 2 tom. en 6 vol.
*in-*12. M. R. _________ 431 _.

Exemplaire imprimé ſur vélin.

## POETES FRANÇOIS.

*Depuis le premier Age juſqu'à préſent.*

524 Le Roman de la Roſe, où tout l'art d'a-
mours eſt encloſe, Ouvrage d'ancienne Poë-
ſie Françoiſe, commencé par Guill. de Lorris,
& achevé par Jehan de Meung, dit Clopinel.
*MSS. ſur vélin, de la plus belle conſervation,*
*décoré de* 101 *figures peintes en miniatures,*
*in-fol.* G. P. M. R. _________ 380 _..

( Ce Manuſcrit eſt recommandable par ſa beauté
& par ſes ornemens, peints en miniature. Voy. le Catal.
de M. Gaignat, N°. 1764, & ce qu'en dit M. Debure
le j, dans ſa Bibliographie, N°. 2983. )

525 Le même Roman de la Roſe. *MSS. ſur*
*vélin, en lettres Gothiques, avec miniatures.*
*in-fol.* M. V. _ . 52 _ ..

526 Le même Roman de la Roſe : plus le Teſtament & Codicile de Jehan de Meung. *MSS.* 42 _ ..

*sur vélin , en lettres Gothiques , décoré de* XXXV. *miniatures , petit in-fol.* M. Bl.

527 Le même Roman de la Rose ; plus le Testament & Codicile de Jehan de Meung. MSS. *sur vélin, en lettres Gothiques, avec* LXXIV. *miniatures , in-fol. dans sa couverture en bois.*

528 Le Roman de la Rose , translaté de rime en prose , par Jehan Moulinet. *Lyon , sans indication d'année. in-fol. Goth.*

529 Le Roman de la Rose , avec une Préface historique , des notes , & un Glossaire , par l'Ab. Lenglet Dufresnoy ; & un Supplément au précédent Glossaire du Roman de la Rose, avec des notes critiq. & historiq. une Dissertation sur les Auteurs de ce Roman , & des variantes. *Paris , 1735. & Dijon , 1737. 4 vol. in-12. en feuil.*

530 Le Champion des Dames , Livre plaisant, copieux , & abondant en sentences , contenant la défense des Dames , contre Mallebouche & ses Consors , avec la victoire d'icelles , composé en ryme Françoise , par Martin Franc. *Paris , Gaillot Dupré , 1530. in-8.* M. R. ( *lettres rondes.* ) *Exempl. bien conservé.*

( Voy. le Cat. de M. Gaignat, N. 1774. )

531 Le Romant des Oyseaulx & des Chiens , écrit en vers François , par Gace de la Buigne. MSS. *sur vélin , très-bien conservé & décoré d'une miniature à la tête du Livre , avec des lettres majuscules en or , in-fol.* Gr. Pap. M. V.

Plusieurs Libraires l'ont annoncé ainsi, (le Roman des Oiseaux, écrit par Gace de la Vigne.) Il y a deux erreurs dans ce titre : la Ie. en ce que ce Roman traite aussi de Chiens , & que dans ce MSS. l'Auteur y plaide sur la

préférence que les uns doivent avoir sur les autres :
La IIe. consiste dans le nom de Gace de la Vigne,
aulieu de Gace de la Buygne.

L'Ab. Lenglet, dans sa Bibliotheque des Romans,
tom. 2, pag. 236. le nomme Gace de la Bigne.

Voici comme s'explique l'Auteur dans le milieu
de son Ouvrage, sur les reproches qui lui étoient
faits, de ce qu'il alloit à la chasse, quoiqu'il fut
Prêtre :

> Le Prêtre est né de Normandie,
> De quatre costés de Lignie,
> Qui moult ont amé les Oyseaulx,
> De ceulx de la Buygne & d'Aignaux,
> Et de Clinchamp & de Buron,
> Il fut le Prêtre dont nous parlons.

*Trois feuillets plus loin, il ajoute :*

> J'apris un po de Gramatique,
> Quand je souloye estre en enfance,
> Et puis vins en la Cour de France,
> Où Chiens & Oyseaulx sont amés,
> De long-temps & de tous clamés.

*On lit à la fin de ce MSS. la souscription
qui suit :*

> Gace a fait cette besongne,
> Pour Philippe de Bourgogne,
> Son très-cher & doubté Seigneur,
> A qui Jesus-Christ croisse honneur.

*Ce Livre, quoique l'Auteur le qualifie de Roman
à la fin de son Ouvrage, n'en est point un ; la Ma-
tiere qui y est traitée suffit pour en convaincre ; & M.
de Bure le j. a eu raison de le placer parmi les anciens Poëtes François.*

Voy. le Catalog. de M. Gaignat, No. 1795.

532 La Chasse & le départ d'Amours, où il
y a de toutes les tailles de rymes que l'on

pourroit trouver, composée par Octavien de S. Gelais, & par Blaise Dauriot. *Paris, veuve Jehan Treperel, & J. Jehannot, sans date. in-4. Goth. V. F.*

7 — 12   533 Les Œuvres de Maistre Alain Chartier Clerc, Notaire & Sécrétaire de Charles VI. & VII. avec des remarques, par André du Chesnè. *Paris, S. Thiboust. 1617. in-4. G. P. vél.*

7 — 6   534 Les Œuvres de Maistre Guill. Coquillart, contenant les Droits nouveaulx *de Jure Naturali* avec le débat des Dames, & des armes, lanqueste entre la simple & la rusée, avec son plaidoyé, la complainte de Echo à Nartius, & le féffus qu'il lui fist avec la mort d'iceluy Nartius, & le Monologue du Puys, avec plusieurs autres choses fort joyeuses. *Paris, Alain Lotrian, sans date. in-4. Goth.*

24 — ..   535 Le Livre de Matheolus qui nous monstre sans varier les biens & aussi les vertus qui viennent pour soy marier, & à tous faicts considérer, il dict que l'homme n'est pas saige, si se tourne remarier, quand prins a été au passaige. = Censuyt le rebours de Batheolus. *imprimé à Lyon, par Olivier Arnoullet, près Notre-Dame de Confort. in-4. Goth.*

6 — ..   536 Les Lunettes des Princes, avecques aulcunes balades & additions composées par Jehan Meschinot. *Lyon, Ollivier Arnoullet. in-8. Goth. V. F.*

18 — 1   537 Notables enseignemens, adages, & proverbes faits & composés en ryme Françoise, par Pier. Gringore. *Paris, Galliot Dupré, 1527. in-8.*

26 — ..   538. Les menus Propos moraulx & joyeulx de

Mere Sotte, composés en ryme Françoise par
Pier. Gringore. *Paris, Gilles Couteau,* 1521.
*in-8. fig. en bois.*

> Ce petit Volume assez rare, renferme une piece sin-
> guliere de ce Poëte, qui a pour titre : *Testament de
> Lucifer.*

539 Les Contredits de Songe-Creux, mis en ryme
Françoise par Pier. Gringore. *Paris, Nic. Couteau,* 1530. *in-8 Goth. v.* —— 12 —..

540 Le Séjour d'honneur, composé en ryme
Françoise, par Octavien de S. Gelais, dans
lequel on trouve plusieurs particularités historiques sur les regnes de Charles VII. Louis XI.
& Charles VIII. *Paris, Ant. Verard, sans
date. in-4. Gothiq.* —— 11 – 1

541 Le Vergier d'honneur, de l'entreprise &
voyage de Naples, auquel est comprins comme le Roy Charles VIII. à basnieres desployées
passa & repassa de journée en journée depuis
Lyon jusqu'à Naples ; composé, tant en ryme
qu'en prose, par Octavien de S. Gelais, &
par Maître André de la Vigne. *Paris, Jehan
Trepperel, sans date, in-fol. Goth. v. m.* —— 9 – 10

542 Très-Dévôtes louanges de la Glorieuse
Vierge Marie, composées par Maître Marcial
d'Auvergne. *Paris, Simon Vostre,* 1519. *in-12.
Goth.* —— 9 – 10

543 Le Doctrinal de Court, selon l'ordre de celui
de Maistre Alexandre, composé par Maistre Pierre
Michault, par lequel on peut être C'erc sans
aller à l'école. *Genéve.* 1528. *in-4. Goth. m. bl.* –18 – 1

544 Les Angoyses & Remedes d'Amours, du
Traverseur en son adolescence. *Poictiers,* 1536.
*in-12.* —— 9 – 10

545 Le Livre intitulé le Labyrinthe de fortune, & séjour de trois nobles Dames, composé en ryme Françoise, par le Traverseur des voyes périlleuses, ( Jehan Bouchet. ) *Paris, Alain Lotrian.* 1532. *in-4. Goth.*

546 Le Jugement poétique de l'honneur féminin, & seiour des illustres claires & hônnêtes Dames, composé par le même Traverseur des voyes périlleuses. *Poictiers, Jehan & Enguilbert de Marnef,* 1538. *in-8. Goth.*

547 Les Triumphes de la noble & amoureuse Dame, & l'art d'honnestement aymer, composé par le Traverseur des voyes périlleuses. *Paris,* 1555. *in-8.* M. C.

548 Epitres morales & familieres, en ryme Franç. par Jehan Bouchet. *Poictiers,* 1545. *in-fol.*

549 Les Regnards traversant les voyes périlleuses des folles fiances de ce monde, comp. par Seb. Brant, en ryme Françoise, &c. *Paris,* 1504. *in-fol. Goth.*

550 Les Controverses des sexes masculins & féminins, composées en ryme Françoise, par Gratien de Pont. *Paris, Alain Lotroian,* 1541. *in-8.* M. V.

551 La Source d'honneur pour maintenir la corporelle élégance des Dames en vigueur fleurissant, & prix inextimable, avec une belle Epistre d'une noble Dame à son amy, composée en ryme Françoise. *Lyon, Morin,* 1531. *in-8.*

552 La Source d'honneur, pour maintenir la corporelle élégance des Dames en vigueur fleurissant, & pris inextimable, avec une belle Epître d'une noble Dame à son amy. *Lyon,* 1532. = Dialogue du bien de paix & calam té

de

de guerre. = Le Livre de facet, comploration sur le trépas de deffuncte Madame la Régente, Mere du Roy François I. *Paris*, 1535. = Hecatomphile, ou les fleurs de Poéfie Françoise. *Paris*, 1534. = La Divine Cognoiffance compilée & extraicte tant du vieil que nouveau Teftament, enfemble les Cantiques divins de l'ame regrettant, par Nicolle de Mailly. *Paris 1541. in-12. flg.*

553 La Victoire & triumphe d'argent contre le Dieu d'Amour n'a gueres vaincu dedans Paris. = La Victoire & triumphe d'honneur & d'amour contre argent vaincu & defconfict à la Cour, *avec deux belles miniatures.* = La Refponce des Oracles d'Apollo, révellée par la Ste. Sybille Cumée, l'an de grace 1531. —De la divine & merveilleufe deftinée des trois enfans de France, par les trois fleurs-de-lys myftiquement figurés. = La Vifion & prodiges céleftes précédens le trefpas de Mad. Mere du Roy. = Epiftre envoyée au Roy, par Madame, après fon trefpas. = Légende de Madame Ste. Valere, Vierge & Martyre, laquelle reçeut la couronne & palme de Martyre en la ville de Lymoges, par le commandement de Eftienne, Duc d'Acquitaine, lequel devoit eftre fon époux & mary, & pour les grands miracles qu'il écrit d'icelle, il fe convertit & fut baptifé par Monfeigneur Sainct Martial. *MSS. fur velin, en lettres Gothiques, ornées de lettres colloriées & or.* in 4. vél. D. S. T. fil. & dent. ——————— 216 ——

554 Les Loups raviffants, autrement dit le Doctrinal moral, compofé tant en ryme ———— 20 ——

K

qu'en profe , par Robert Gobin. *Paris, Ant. Vérard , fans date , in-4. Goth. v. f.*

( Voy. la Bibliographie inftructive , N. 3068. )

7 – 12    555 Le Recueil de tout Soulas & plaifirs , & Paragon de Poéfie , comme Epîtres , Rondeaux , Balades , Epigrammes , &c. *Paris,* 1563. *in-12.*

7 – 10    556 Œuvres de Cl. Marot. *La Haye ,* 1700. 2 *vol. in-12.*

59 – 19    557 Le Livre des Vifions fantaftiques du Banny de Lyeffe , natif d'Yffouldun en Berry, où font contenus les amours infortunés de deux amans, & la conclufion de l'Aucteur fur la mort d'iceulx , au fens moral ; le tout en profe poetique , cueillie au jardinet de Rhétorique & poefie. *Paris ,* 1542. = Le Secret d'Amours, compofé par Mich. d'Amboyfe. *Paris,* 1541. = La Pandore de Janus Olivier , trad. de Lat. en Franç. par G. Michel. *Paris ,* 1542. = La nouvelle Vénus , nouvellement compofée par Franç. Habert. *Paris ,* 1543. *in-8. v. f. Rare.*

8 – "    558 Les Combats du fidele Papifte , Pélerin Romain , contre l'Apoftat Anti-Papifte, tirant à la Sinagogue de Genève , maifon Babylonique des Luthériens , enfemble la defcription de la Cité de Dieu , affiégée des Hérétiques : le tout compofé en ryme Françoife, par Artus Defiré. *Rouen ,* 1552. *in-16 , fig. en bois.*

2 – "    559 La belle Vieilleffe , ou les anciens Quatrains des fieurs de Pibrac , du Préfid. Faure, & de Matthieu , avec des remarques. *Paris ,* 1746. *in-12.*

560 Pibracii Tetraftica Gallica Latinè & Græcè Aut. Flor. Chriftiano. *Parif.* 1584. *in-4.*

561 Tablettes, ou Quatrains de la vie & de la mort, par Pierre Matthieu. *Rouen*, 1628, *in-16. Oblong. parch.*

562 Les Chevilles de M. Adam, Menuisier de Nevers. *Rouen*, 1654. *in-8.*

563 Le Vilebrequin de Maître Adam, Menuisier de Nevers. *Paris*, 1663. *in-12.*      8 — 4.

564 L'Oraison de Mars aux Dames de la Court, ensemble la réponse des Dames à Mars, par Cl. Colet. = Opuscules d'amour, par Héroet, la Borderie, & autres divins Poëtes. == Propos rustiques de Léon Ladulfi. *Lyon*, *J. de Tournes*, 1547. *in-8.*      12 — "

565 Œuvres de Théophile, 1677. *in-12.*      15 — "

566 Le Poëme de S. Paulin, par Perrault, avec des vignettes gravées par le Clerc. *Paris*, 1686. *Paris*, *in-8. M. R.*      4 — 2

567 Proverbes en rimes, ou rimes en proverbes, par M. le Duc. *Paris*, 1665. *in-12.* 2 *tom. en* 1 *vol. V.*      3 — "

568 Le Faut-Mourir, & les excuses inutiles qu'on apporte à cette nécessité, par Jacques Jacques, en vers burlesques. *Lyon*, 1702. *in-12.*      9 - 16

569 Le Sacré Hélicon, ou le Dévot Logys de la Muse dévote, par Louis Godet. *Châalons*, 1668. *in-8. parch.*

570 Le Parnasse amoureux des Beautés de Philothée, ou Descript. en vers de la sainte vie de V. M. J. Franç. Frémiot, Baronne de Chantal, par Jos. Piolle. *Lyon*, 1649. *in-8. parch.*      3 — "

571 Le Vice puni, ou Cartouche, Poëme, par Granval. *Paris*, 1726. *in-8. fig. V. F.*      4 - 10

572 Les Dons des Enfans de Latone, la Musique & la Chasse du Cerf. *Paris*, 1734. *in-8.*

573 Recueil de Poésie sur la C. *Villefranche*, 1724. *2 vol. in 8. en feuil.*

574 Festin joyeux, ou la Cuisine en Musique, en vers libres. *Paris*, 1738. *in-12. en feuil.*

575 Recueil de Poëtes Gascons, cont. les Œuvres de Pier. Goudelin, des sieurs le Sage & Michel. *Amst.* 1700. *2 vol. in-12. V. F.*

## POÉSIE FRANÇOISE.

576 Recueil de Poésies Franç. *MSS. sur vélin, très-bien exécuté, in-8. rel. en velours cramoisy.*

577 Commémoration & avertissement de la mort de très-excellente Princesse Anne de Bretagne, Reine de France, en proses & en vers. *MSS. sur vélin, exécuté en lettres Gothiques, avec des miniatures, petit in-fol.* M. Bl.

578 Le grand Miroir du monde, par Jos. du Chesne. *Lyon*, 1593. *in-8. vél.*

579 Le Jardin de Plaisance, & fleur de Réthorique. *Paris, Jehan Petit, sans indication d'année, in-4. Goth.* V. M.

580 Delie object de plus haulte vertu. *Lyon*, 1544. *in-12. V. F.*

581 Anagrammes & Sonnetz, dédiez à la Royne Marguerite, par Jacq. de Fonteny. *Imprimé sur velin*, 1606. *in-4.*

582 La Muse folâtre. *Rouen*, 1609. *in-16. parch.*

583 Description de la ville d'Amsterdam, en vers burlesques, par Pier. le Jolle. *Amst.* 1666. *in-12.* M. V.

584 Rome , Paris & Madrid , ridicules, avec des remarques hiftoriques & un receuil de Poéfies chofies, par M. D. B* *. *Paris*, 1713. *in*-12. *vél.*

### Poéfie Françoife Dramatique.

585 Deftruction de Troyes la Grant , mife en ryme Françoife, par Jacques Millet. *Paris*, 1526. == Le Codicile & Teftament de Maiftre Jehan de Meun. *Paris*, *Mich. le Noir*, 1501. == Le Temple d'honneur & de vertus , compofé par Jean le Maiftre , difciple de Molinet , à l'honneur de feu Monfeigneur de Bourbon. *Paris* , *Mich. le Noir* , *fans indication d'année.* == La Complainte de Conftantinople, compofée par Molinet , & envoyée aux nobles Chreftiens. *Sans lieu d'impreffion ni indication d'année.* == Le Temple de Mars , Dieu de bataille. *Idem.* == La très-défirée nativité de très-illuftre enfant Charles d'Autriche, fils de Monfeig. l'Archiduc , compofée par ung Fatifte , appellé Molinet. *Idem.* == Le Livre des deux amans Guifgard & Sigifmunde , trad. du Latin de Léonard Aretin. *Paris*, *Mich. le Noir* , *fans indication d'année.* == Le Girouflier aux Dames , enfemble le Dit des Sybiles, s'enfuit l'Epiftre de Sénéque à Lucille , confolatoire de Liberal feur amy qui eftoit trifte, pour ce que la Cité de Syon , dont il eftoit , eftoit arfe & bruflée. *Sans lieu d'impref. ni indicat. d'année.* == Les Croniques des Roys , Ducs & Comtes de Bourgogne, depuis l'an XIV. après la Réfurrection de Notre-Seigneur, jufques au Prince Charles , qui trefpaffa devant Nancy

en Lorraine, au mois de Janvier 1476. *Imp. à Lyon, in-4. Goth. Rare.*

3 — 1   586 La Faculté vengée, Coméd. = Leclusade, ou le Déjeuné de la Rapée. = Silvie. *Lond. 1743. in-8. fig.*

## POETES ITALIENS
### ET ESPAGNOLS.

2 — 10   587 Les Œuvres de Fr. Pétrarque, contenant IV. Livres de M. D. Laure d'Avignon sa Maistresse, jadis par lui composés en langage Thuscan, & mis en Franç. par Vasquin Philieul. *Avignon*, 1555. *in-8. parch.*

2 — 8   588 Le Pétrarque en rime Françoise, avec ses Commentaires, trad. par Phil. de Maldeghem, seig. de Leyschot. *Brux.* 1600. *in-8. V. F.*

2.88 — ..   589 Les six Triumphes de Pétrarque, représentés en figures dessinées avec des explications en ryme françoise : *plus*, les Représentations des Dieux & des Déesses du Paganisme, des neuf Muses, des habillemens des femmes de différentes Nations ; le blason des couleurs, de la grandeur d'ame des Romains, de figures allégoriques, proverbes & adages, aussi en ryme Françoise. *MSS. sur vélin, en lettres Gothiques, & décoré de* CLVII. *figures, tant dessinées en couleur grise, que peintes en miniatures, in-fol. M. Bl.*

27 — 15   590 Le Ingeniose sorti composte per Francesco Marcolini da forli intitulate Giardino di Pensieri ristampate. *Venetiae Marcolino da Forli*, 1550. *in-fol. fig.*

Di questo rarissimo Libro si fa menzione nel Catalog. della Librer. Caponi, pag. 244.
( Catalogo della Libreria Floncel. N. 3531. )

591  La Lucerna di Eureta Miſſocolo academico
     filarmoſico (Francesco Pona.) *in-12.* M. R.  ——  2  —— „

592  Il Paſtor fido, Tragicomedia, Paſtorale d¹
     Batt. Guarini *in Parigi*, 1650. *in-*4.  ——  2  — ɔ

593  Mirinda Favola, Paſtorale del M. Ant. Fer-
     tetti. *Venet.* 1613. = La Glioroſa eccellenza
     delle Donne, è d'Amore, Opera del Capi-
     tan Scipione Uaſolo. *Fiorenza*, 1573. = Ra-
     gionamenti varii di Lorenzo Capelloni. *Genova*,
     1576. = Idea del Giardino del mondo di Th.
     Thomai. *Carmagnola*, 1587. *in-*4. V. F.  ——  8  — 1

594  Stanze amoroſe, ſopra gli horti delle Donne
     in lode della menta, la Caccia d'Amore, del
     Bernia. *in Venet.* 1574. *in-*8. *fig.*  ——  ——  8  — 1

595  La Venetia edificata, Poëma Eroïco di
     Giulio Strozzi, con gli Argomenti di Fr. Cor-
     teſi. *Venetia, Pinelli*, 1624. *in-fol. con figure.* -  3  — 1

596  Obras de Don Luis de Gongora. *Bruſſelas*,
     1659. *in-*4. *vél.*  ——  1      4

## MITHOLOGIE.

597  Mythologie, ou explication des Fables, par
     Baudoin. *Paris*, 1627. *in fol.* G. P. *fig.* M. R.
     *lav. regl.*  ——  5 - 19

598  Ori Apollinis Niliaci, de ſacris Ægyptiorum
     notis Ægyptiacè expreſſis Libri duo, iconibus
     illuſtrati, & aucti, nunc primùm in Latinum
     ac Gallicum ſermonem converſi. *Pariſ.* 1574.
     *in-*8.  ——  3  — „

599  Lud. Smids Pictura loquens, ſive heroica-
     rum tabularum Hadr. Schoonebeck enarratio
     & explicatio. *Amſtel.* 1695. *in-*8. *fig.* M. R.  ——  7 - 15

# ROMANS GRECS, LATINS
# ET FRANÇOIS.

3 — 9     600 Les Adventures amoureuses de Theagene & Chariclée, sommairement décrites &
représentées par figures, par P. Vallet. *Paris,*
1613. *in-*8. *M. R. tav. regl.*

3 — 19     601 Les Amours de Theagene & Chariclée,
trad. en franç. avec des fig. grav. en taille-
douce par Michel Lasne. *Paris,* 1623. *in-*8.

8 — ..     602 Les Amours de Clitophon & de Leucippe,
écrits en grec, par Ach. Statius, trad. en franç.
par Baudouin. *Paris,* 1575. *in-*8. *vél.*

    603 Eustathii de Ismeniæ & Ismenes Amori-
bus, lib. xi. gr. lat. *Parisiis,* 1618. *in-*8.

1 — 16     604 Rhodante & Dosiclès, par de Beauchamps.
*Paris,* 1746. *in-*12.

8 — 1     605 L'Argenis de Barclay. *Paris,* 1624. *in-*8. *fig.*

2 — 8     606 L'Endimion de Gombauld, avec des fig.
grav. par Crisp. de Pas, 1624. *in-*8.

10 — ..     607 Tarsis & Zelie, par le Vayer de Boutigny.
*Paris,* 1669. 4 *vol. in-*8.

7 — 18     608 L'Amant ressuscité de la mort d'amour, par
Theod. Valentinien. *Lyon,* 1558. *in-*4.

1 — ..     609 L'Amant de Bonne-foy. *Paris,* 1672. *in-*12.

1 — 4     610 Histoire des Amans volages de ce temps,
par Fr. de Rosset. *Paris,* 1619. *in-*8. *parch.*

6 — 2     611 Le Printemps d'hiver, contenant cinq Histoires, discourues par cinq journées en une
noble compagnie, au Chasteau du Printemps,
par Jaq. Yver. *Paris,* 1574. *in-*12. *M. Bl.*

4 — 8     612 Amours diverses, divisées en sept Histoires,
par de Nerveze. *Paris,* 1606. *in-*12. *vél.*

    613 Les Divertissemens de Forges, ou les Avan-
tures

tures de plusieurs personnes de qualité. *Paris,* 1663. *in*-12. *parch.*

614 Les Belles solitaires, par Mad. de V. (*Amst.*) *Paris,* 1645. *in*-12. — 1 — ..

615 Les Amours de Psiché & de Cupidon, par de la Fontaine. *Paris,* 1669. *in*-8. — 3 — 18

616 L'Amour de Cupido & de Psyché, mere de Volupté, en vers Italien & François. *Par.* 1557. = Le Plaint du Vaincu d'Amour, par J. Maugin. *in*-12. — 2 — 6

617 L'Ariane de Desmarets, enrichie de fig. grav. par Bosse. *Paris,* 1639. *in*-4. — 2 — 1s

618 Hist. des amours & des infortunes d'Abélard & d'Éloïse, mise en vers satyri-comi-burlesques. *Colog.* 1724. *in*-12. *en feuil.* — 1 — 7

619 Les Amours d'Horace. *Colog.* 1728. *in*-12. *Br.* — 1 — 1o

620 Histoire d'Hypolite Comte de Duglas. *Paris,* 1690. *in*-12. *M. R.* — 4 — 4

621 La Fausse Clélie, hist. Franç. galante & comique. *Amst.* 1672. = Roger Bontemps en belle-humeur. *Colog.* 1670. *in*-12. — 2 — ..

622 La Religieuse pénitente, nouvelle d'Artois. 1699. *in*-12. *V. F.* — 4 — 13

623 Philotecte ou Voyage instructif & amusant, par Ansart. *Paris,* 1737. *in*-12. *V.*

624 Les Amours de Charles de Gonzague, & de Marguerite Comtesse de Rovere. *Holl.* 1666. *in*-12. *V.* — 4 — 2

625 Mademoiselle de Jarnac. *Paris,* 1685. 3 vol. *in*-12. *V. B.* — 1 — 1s

626 Mathilde, *Paris,* 1667. *in*-8. *V. B.* — 1 — ..

627 Mahmoud le Gasnevide, hist. orientale. *Rotterd.* 1729. *in*-8. *V. B.*

628 La Promenade de Versailles, avec l'hist. de Celanire. *Paris,* 1669. *in*-8. *V. F.* — 1 — 1o

7. — 8. {629 L'Aſtrologue amoureux. == Poëſies du ſieur du Perret. *Paris,* 1657. *in* 1 . *parch.*
630 Les forces d'Amour. == Maximes d'Amour. == La Clef des Cœurs. == La politique des Coquettes. == L'Amour diviſé. == La Logique des Amans, ou l'Amour Logicien. == Apologie de la conſtance, ou le fléau des inconſtans, avec les reproches de quelques Amantes à leurs ſerviteurs infideles, &c. 9 *vol. in-12.*

1 — 10 631 Les Amours du Chevalier du Tel, & de Dona Clementia. 1716. *in-12.*

7 — 10 632 L'heureux Chanoine de Rome, nouv. Gal. ou la Réſurrection prédeſtinée. == Les priviléges du Cocuage. *Colog.* 1688. *in-12. V. F.*

3 — 12 {633 La Religieuſe intéreſſée, avec l'hiſtoire du Comte de Clare. *Cologne,* 1695. *in-12. Br.*
634 La Galanterie Monacale, ou converſations familieres des Moines & Moineſſes. *Neufchâtel, in-12.*
635

2 — 8 636 Hiſtoire de Don Ranucio d'Aletez. *Veniſe* 1738. 2 *vol. in-12. fig. en feuil.*

1 — 10 {637 Les Déſordres de la Baſſette ; Nouv. galante *Paris,* 1682. *in-12.*
638 Voyage merveilleux du Prince Fan-Férédin *Paris,* 1735. *in-12.*

## ROMANS DE CHEVALERIE.

42 — 639 Le Livre d'Armoiries de tous Rois, Duc Comtes, Princes, Barons, Chevaliers Ecuyers, &c. *MSS. ſur vélin.* == Les Blaſo des Chevaliers & Compagnons de la Tabl

Ronde. *MSS. sur vélin, avec les Blasons enluminés, petit in-4. ( bien conservé. )*

640 Le Blason des armes, nouvellement impri- mé.——La devise des armes des Chevaliers de la Table-Ronde, qui estoient du temps du très-re- nommé & vertueux Artus, Roi de la Grant- Bretaigne, avec la description de leurs armoi- ries. *Imprimé à Paris, sans date, in-16. Goth.* — 8 — 4

641 Roman de Merlin l'Enchanteur, qui est le premier Livre de la Table Ronde, avec les Prophéties dudit Merlin. *Paris, à l'enseigne de la Rose blanche, 1528. 3 tom. en 1 vol. in-4. Goth. M. R.* 34 — 2

(Rare. Voy. le Cat. de M. de Gaignat, Nº. 2279.)

642 Histoire du noble Tristan, Prince de Leon- nois, Chevalier de la Table-ronde, fait en françois, par Jean Maugin. *Paris, Nic. Bon- fons, 1586. in-4. parch.* 4 — 3

643 Le Chevalier de la Tour, & le Guidon des Guerres, par Geofroy de la Tour-Landry. *Paris, 1514. in-fol. goth. fig.* 12 — "

644 Histoire fort plaisante & récréative, con- tenant le reste des faicts & gestes des quatre Fils Aymon : à sçavoir, Alard, Guichard & le petit Richard, & de leur Cousin le Subtile Maugis, lequel fut Pape de Rome. La chro- nique du Chevalereux Prince Mabrian, & de ses Enfans. *Lyon, B. Rigaud, 1581. in-8. parch.* 10 — "

645 Histoire & Faits du très-preux, noble & vaillant Huon de Bordeaux. *Rouen, Vᵉ Coste, sans date, in-8. fig. en bois, parch.* 4 — "

646 Théatre d'Histoire, où avec les grandes proüesses du noble & vertueux Chevalier — 6 — "

Polimantes, Prince d'Arfine, fe préfentent au vrai, plufieurs occurences fort rares & merveilleufes, tant de paix que de guerre, arrivées de fon temps, par Philip. de Belleville. *Brux.* 1613. *in-*4. *fig. vél.*

647 Les Hiftoires de Rome depuis la deftruction de la noble Cité de Troyes la Grant, & commence à Enée ; comment il fe partit de Troyes, après qu'elle fut deftruite par les Grégois, & finift à la naiffance de J. C. *MSS. fur vél. en lettres gothiques, avec miniatures, pet. in-fol.* M. R.

648 Hiftoire du noble Prince, nommé Palanus, Comte de Lyon, qui par fa vaillance & proueffe, délivra la Reine d'Angleterre faulcement accufée du Senéchal. *MSS. fur vélin, orné de deux belles miniatures, in-*4. M. C. *dent. d'or.*

649 Le Chevalier aus Dames de grant leaultez & prudence, qui pour les garder de tout blafmes, fait grant proueffe & grant vaillance. *Metz, Gafpart Hochfeder,* 1516, *in-*8. *goth.* M. R.

# ROMANS SATYRIQUES ET COMIQUES.

650 Le Rabelais réformé, par J. Bernier. *Paris,* 1697. *in-*12.

651 Jugement fur la vie & les œuvres de Rabelais, ou le véritable Rabelais réformé, par J. Bernier. *Paris,* 1697, *in-*12.

652 Le nouveau Panurge, avec fa navigation en l'Ifle imaginaire. *La Rochelle, in-*12. V. F.

653 Le Songe de Pantagruel, avec la déploration

d'Anth. du Bourg, Chancellier de France, par Fr. Habert. *Paris*, 1542. = La grande Prophétie & pronostication autrefois prophétisée par un Roi de Perse, depuis l'an 1521. jusques à l'an 1554. *Paris*, 1536. *in-8*.

654 Le Théatre du Monde, où il est fait un ample discours des miseres humaines, par Boayftuau. *Rouen*, 1583. *in-16*. ———— 3 — 12

655 Le grand Empire de l'un & l'autre Monde, divisé en trois Royaumes ; le Royaume des Aveugles, des Borgnes, & des Clair-voyants, par I. de la Pierre. *Paris*, 1625. *in-8. vél.* ———— 14 — 19

656 Les Mondes célestes, terrestres & infernaux ; le Monde petit, grand, imaginé ; mêlé, risible, des sages & fols, & le très grand, l'enfer des écoliers ; des mal-mariés, de putains, & ruffians, &c. tirés des Œuvres de Doni, par Gab. Chappuis, augmentez du monde des cornuz, & de l'enfer des ingrats. *Lyon*, 1583. *in-8. parch.* ———— 18 — 19

657 L'Hôpital des Fols incurables, où sont déduites toutes les folies & les maladies d'esprit, tant des hommes que des femmes, trad. de l'It. de T. Garzoni, par F. de Clarier, sieur de Long-val. *Paris*, 1620. *in-8. vél. double.* — 5 — 3

658 Pluton Maltotier. *Colog.* 1712. *in-12.* — 2 — 15

659 Les Tours industrieux, subtiles & gaillards de la Maltôte. *Paris*, 1708. *in-12.*

660 L'Art de plumer la poule sans crier. *Colog.* 1710. *in-12.* ———— 2 — 18

661 Nouvelle Ecole publique de Finances, ou l'art de voler sans aîles. *Colog.* 1708. *in-12.*

662 Les Partisans démasqués, ou suite de l'art de voler sans aîles. *Colog.* 1719. *in-12.* 5 — 1

663 La Musique du Diable, ou le Mercure galant dévalisé. *Paris,* 1711. *in-12.*

664 L'Abbé en belle-humeur. *Colog.* 1703. *in-12. M. C.*

665 Les Intrigues Monastiques. *La Haye* 1739. *in-12. M. C.*

666 Les Récréations des Capucins. *La Haye,* 1738. *in-12. M. C.*

667 L'Amour Magot, hist. merveilleuse, & lettres infernales. *Lond.* 1738. *in-8. en feuil.*

668 Le Passe par-tout galant, par le Chevalier de l'Ordre de l'Industrie & de la Gibeciere. *Constantinople, in-12. Br.*

669 Histoire comique, ou les Aventures de Fortunatus. *Rouen,* 1670. *in-12. parch.*

670 Mémoires tirés du Pere de Joie, Aumônier de la Reine d'Yvetot, 1710. *in-12.*

## ROMANS ITALIENS.

671 Le Roman, contenant les amours de Lériano & de Lauréole, translaté de l'Italien, en vulgaire François. *MSS. sur vélin, en lettres Gothiques, décoré de* III *miniatures, & de lettres initiales coloriées & or, pet. in-fol. V. F.*

( Voy. le Catalogue de M. Gaignat, N. 2246. )

672 Histoire d'Aurelio & Isabelle, en Ital. & en Franç. en laquelle est disputé qui baille plus d'occasion d'aimer l'homme à la femme, ou la femme à l'homme ; plus, la Deiphire de L. Bapt. Albert. *Paris,* 1581. *in-16.*

673 Histoire pitoyable du Prince Erastus, trad. de l'Italien en François. *Paris,* 1587. *in-16. V. F.*

674 La Fiammetta amorofa di Giov. Boccaccio.
= La Celeftina , Tragi-Comedia , adornata
di tutte le fue figure. *Vineggia ,* 1540. *in-8.* —

675 La Fiammette amoureufe de M. Jean Boccace , en Italien & en François. *Paris ,* 1609.
*in-12. parch.*

676 Le Philocope de Jehan Boccace , contenant
l'hiftoire de Fleury & Blanchefleur , traduit
d'Ital. en Franç. par Adr. Sevin. *Paris ,* 1542.
*in-fol. fig.*

677 Le Songe de Boccace , trad. en Franç. par de
P***. *Paris ,* 1715. *in-12.*

678

679 Amorofa vifione di Giovan. Boccaccio , nuo-
vamente ritrovata , nellaquale fi contengone
cinque triumphi, cioe. Triumpho di fapientia,
di gloria , di ricchezza , di amore , è di fortuna.
Apologia di Gieronimo Claricio Immol. contro
detrattori della Pœfia del Boccaccio. Offervatio-
ni di Volgar Grammatica de Boccaccio. *in Vene-
gia ,* 1531. *in-8.*

680 La fage Folie , fontaine d'allégreffe , mere
des plaifirs , reine des belles-humeurs , fupport
des capricieux, foulas des fantafques, nourriture
des bigearres , trad. de l'It. de Spelte , par Louis
Garon. *Rouen ,* 1635. *parch.* —

681 La fage Folie , fontaine d'allégreffe , mere
des plaifirs , reine des belles-humeurs ; la délectable folie , fupport des capricieux , foulas
des fantafques , nourriture des bigearres , trad.
de l'It. de Spelte , par L. Garon. *Rouen ,* 1635.
*2. tom.* 1 *vol. in-12.* —

682 Hypnerotomachia difcorfi de Sogni de Po-
lifilo figurati delli mirabil cosè antique vedute
da lui, de Hieroglifici, de Bagni è fontane,
de Giogie è pietre preciofe, del triomfo di
PRIAPO, &c. *Venet.* 1567. *in-fol.* M. B.

683 Hypnerotomachie, ou difcours du fonge de
Poliphile, déduifant comme amour le combat
à l'occafion de Polia, trad. de l'Ital. en Franç.
*Paris,* 1546. *in-fol. fig. lav. regl.*

684 Le Tableau des riches inventions couvertes
du voile des feintes amoureufes, qui font re-
préfentées dans le fonge de Poliphile, par
Beroalde. *Paris,* 1600. *in-fol. fig.*

685 Picciol trattato d'Arnalte di lucenda, inti-
tolato l'Amante mal trattato dalla fua amorofa,
per Bartol. Maraffi, la traduction Françoife à
côté. = L'inftitution d'une fille de noble maifon, trad. de langue Tufcane en François. *Paris,*
1558. *in-16.*

686 La Pazzefca Pazzia de gl'huomini è donne
di corte innamorati, di Gab. Pafcoli. *in Venetia,* 1608. *in-12.* M. R.

## ROMANS ESPAGNOLS.

687 Hiftoire des amours extrêmes d'un Chevalier de Séville, dit Luzman, à l'endroit d'une
Demoifelle appellée Arbolea, trad. de l'Efpagnol de Hier. de Contreras, en François par
Gabr. Chappuis. *Paris,* 1587. *in-16.* M. V.

688 Hiftoria de Hypolito y aminta, por el. D.
Francifco de Quintana, *en Sevilla,* 1635. = Hiftoria exemplar de las dos conftantes mugeres
Efpagnolas, por D. Luis Pacheco de Narvaez,
*en Madrid,* 1635. *in-4.*

689 Question de amore. *Impresso en la Villa de Medina*, 1545. *in-4. vél.* —————— 4 — ..

690 Les Œillets de recréation ; où sont contenus sentences, avis , exemples , & histoires très-agréables, en François & en Espagnol , par Gobelin. *Rouen* , 1614. *in-12. parch.* —————— 2 — 10

691 La historia del valeroso y bien a fortunado cavallero Cid Ruy Diaz. *Madrid* , 1616 , *in-4.*

692 La Prison d'Amour , en Espagnol & en François. *Paris* , 1594. *in-12.*

⎰ 2 — 4

693 La Diane de George de Monte-Mayor , trad. de l'Espagnol. *Paris* , 1587. *in-12.* —————— 4 — 4

694 L'Amant oisif , cent cinquante nouvelles Espagnoles. *Paris* , 1671. *3 vol. in-12.* —————— 3 — 15

## CONTES FRANÇOIS ET ITALIENS.

695 Les Contes & Discours d'Eutrapel , par de la Hérissaye. *Rennes* , 1603. *in-8.* —————— 3 — ..

696 Les Bigarrures & touches du Seigneur des Accords ( Etienne Tabourot ) avec les Apophtegmes du sieur Gaulard, & les Escreignes Dijonnoises , avec plusieurs épitaphes , dialogues, & ingénieuses équivoques. *Paris*, 1662. *in-12. fig.* —————— 6 — ..

697 Les neuf Matinées & les neuf après-Dinés, du sieur de Cholieres. *Paris* , 1586 & 1610. *2 vol. in-12.* —————— 18 — 15

698 Cymbalum Mundi , avec une lettre critique dans laquelle on fait l'histoire , l'analyse & l'apologie de cet Ouvrage , par Prosper Marchand. *Nouv. édit. aug. de notes , & décorée de figures en taille douce , gravées sur les* 100 —————— ..

deſſins de B. Picart. *Amſt. Paris* , 1732.
*in-12. M. violet.*

Exemplaire imprimé ſur vélin. Voy. le Cat. de M.
Gaignat , N. 2530.

699 La Semaine de Montalban , ou les Mariages
mal aſſortis , contenus en huit nouvelles , tirées du Paratodos. *Paris* , 1685. *in-12.*

700 Les Serées de Guil. Bouchet. *Rouen* , 1635.
*in-8.*

701 Le Otto Giornate del Fugilozzio, di Tomaſo
Coſto , ove da Otto Gentilhuomini , è due
Donne ſi ragiona delle malizie di femine etraſ-
curagini di Mariti , &c. *Venet.* 1605. *in-8.*
*parch.*

*Facéties , Plaiſanteries , Hiſtoires plaiſantes
& récréatives.*

702 Les Métamorphoſes , ou l'Aſne d'or de L.
Apulée. *Paris* , 1623. *in-8. fig. vél.*

703 Pogii Florentini facetiarum liber. *Impreſſus
Autwerpie,* 1487. *in 8.*

704 Facetie motti & burle di diverſi Signori &
perſonne private, racolte per M. Lod. Domenichi. *in Venetia* , 1581. *in-8.*

705 Les heures de recréation de L. Guicciardin,
en Italien & en François. *Paris* , 1624. *in-12.*

706 Les Diſcours fantaſtiques de Juſtin Tonnelier, trad. de l'It. de J. B. Gelli, par C. D. K. P.
*Paris* , 1566. *in-16. double.*

707 Œuvres de Bruſcambille , contenant ſes fan-
taiſies , imaginations & paradoxes , tirés de
l'eſcarcelle de ſes imaginations. *Rouen,* 1629.
*in-12. V. F.*

708. Les nouvelles & plaifantes imaginations de Brufcambile, enfuite de fes fantaifies, par S. D. L. Champenois. *Bergerac,* 1615. 2 vol. in-12. parch. ————— *un double* ————— 6 — 2

4 ——

709. Recueil général des œuvres & fantaifies de Tabarin, contenant fes rencontres, queftions & demandes facétieufes, avec leurs réponfes; les farces tabariniques, & les adventures & amours du Capitaine Rodomont, les rares beautés d'Ifabelle, & les inventions folaftres de Tabarin. *Paris,* 1625. in-12. parch. ————— 18 — 19

710. Inventaire univerfel des Œuvres de Tabarin, contenant fes fantaifies, dialogues, paradoxes, gaillardifes, rencontres & fes farces. *Paris,* 1622. === Les Rencontres, fantaifies, & coq-à-l'afnes facétieux du Baron de Grattelard. in-12. V. éc. ————— 10 — 9

711 Les fantaifies plaifantes & facétieufes du chappeau à Tabarin. === Grandes & récréati-ves prognoftications pour cette année 08145000-470. felon les promenades & beuvettes du foleil, par douze cabarets du Zodiaque, par Aftrophile le Roupieux, Maître Chartier du Soleil. === La grande propriété des bottes fans cheval en tout temps. === La commodité des bottes en tout temps fans chevaux, fans mulets, & fans afnes, avec la gentilleffe des manteaux à la ro-quette, & des cheveux à la garcette.===Aventures extravagantes du Courtifan grotefque. === Coq-à-l'afne du Courtifan grotefque.=== L'Ordre des Cocus réformez. === Les Amours de Dupont & de la conftante Guimbarde. === Lettre d'efcor-nifflerie & Déclaration de ceux qui n'en doi-vent jouir. === Statuts & Ordonnances de la cabale des Filoux. === Voyage racourcy de trois 49 ——

Eourgeoifes de Paris, avec leurs rufes & fineffes.
═ Les Etrennes de Herpinot. ═ Le Caquet
des Poiffonnieres. ═ Plainte contre l'impétuofité des vents. ═ M. Hamberlin , ferviteur de
Maître Aliborum , coufin germain de Pacollet.
═ Difcours du très-excellent mariage de Jennain , & de Pringne , avec l'hiftoire plaifante
de la jaloufie de Jennain fur la groffeffe fou-
daine de fa femme. ═ L'Adieu du Plaideur à
fon argent. ═ Tombeau de la Polette. ═ *Pu-*
*gna Porcorum* , *per P. Porciam Poetam Para-*
*clefis propotore.* ═ Les trois caquets de l'Accouchée. ═ La réponfe aux trois caquets, & le
relevement de l'Accouchée. *Paris* , 1622. *in* 8.

2 — 1    712 La Navigation du Compagnon de la bou-
teille , avec les proueffes du merveilleux Grant
Bringuenarille. *Troyes.* ═ Eloge funèbre de Michel Morin. ═ La vengeance du trépas funefte
du fameux Michel Morin. *Troyes.* ═ Lettre galante & diverriffante pour régler les vies
& mœurs des chats friands & voleurs. ═ Le
Pain bénit de l'Ab. de Marigny. 1673. *in*-12.

2 — 19   713 Les Arrêts d'Amours , par Martial d'Auvergne , dit de Paris. *Amft.* 1731. *in*-12. *en feuil.*

3 — 19   714 Les comptes du monde avantureux , contenant LIV. difcours, par A. D. S. D. *Paris* ,
1582. *in*-16. *vél.*

18 — "   715 Formulaire fort récréatif de tous contracts,
donations , teftaments , codicilles , & autres
actes qui font faicts & paffez par-devant No-
taires & témoins ; faict par Bredin le Cocu ,
Notaire rural , & Contreroolleur des baffes-
marches au Royaume d'Utopie : avec un Dialogue tiré des Œuvres du Philofophe & Poëte
Simonides , de l'origine & naturel *Fæminini*

*Generis. Lyon , Pier. Rigaud , 1618. in-16.*
parch.

716 Demandes joyeuſes en maniere de quolibetz. = Le caquet des bonnes Chambrieres ,
avec la maniere de cognoiſtre de quel bois ſe
chauffe Amour. = Sermon d'un fiancé qui em-
prunta un pain ſur la fournée , à rabattre ſur
le temps à venir. = Les préſomptions des
femmes. = La grande Confrérie des ſaouls
d'ouvrer & enragez de rien faire. = Sermon
fort joyeux de S. Raiſin. = Le Banquet des
Chambrieres fait aux eſtuves le jeudi gras.
= La Complainte de trop tard Marie. *Goth.*
= La loyauté des femmes, avec les neuf preux
de gourmandiſe , & une recepte pour guérir
les yvrognes. *Goth.* = Les Crys de Paris. *Goth.*
= Les abus & ſuperfluitez du monde, par Jacques Sireulde. = Sermon de S. Billouart. = Les
jours heureux & périlleux de l'année , revelez
par l'Ange au bon S. Job. = L'Amant deſpourvu
de ſon eſprit eſcrivant à ſa mye, voulant parler le
courtiſant , avec la réponſe de la Dame. = Le
Calendrier mis par petits vers, compoſé par Jé-
han Mollinet. *Goth.* = Sermon nouveau & fort
joyeux , auquel eſt contenu tous les maux que
l'homme a en mariage. = Les ténèbres du champ
gaillart. = Le Livre des Quenoilles, ou les Evan-
giles des femmes, faict à leur louange & honneur.
*Goth.* = La Friquaſſée croteſtyllonnée des antiques modernes Chanſons, jeux & menu-fre-
tel des petits enfans de Rouen. = Deſcription
de la ſuperbe & imaginaire entrée , faite à la
Reine Gyllette paſſant à Veniſe en faveur du Roy
de Malachie ſon futur époux. = La Mode qui
court au temps préſent. = Monologue nouveau

fort joyeux de la Chambriere dépourveue du mal d'Amour. *Gothi.* 1 *vol. in-8.*

3 — 12   717 Regrets facétieux & plaisantes harangues funèbres sur la mort de divers animaux , pour passer le temps & réveiller les esprits mélancholiques , non moins remplies d'éloquence que d'utilité & gaillardise , trad. du Toscan , par de Timofille. *Paris ,* 1576. *in-16.*

2 — 10   718 Harangues burlesques sur la vie & sur la mort de divers animaux , dédiées à la Samaritaine du Pont-Neuf , par M. Raisonnable. *Paris ,* 1651. *in-8. parch.*

1 — 10   719 Le Divorce céleste , trad. de l'Ital. de Ferrante Palavicino. *Colog.* 1696. *in-12. Br.*

2 — 11   720 Histoire de la vie de Tiel Wlespiegle, cont. ses faits , finesses, ses aventures , & les grandes fortunes qu'il a euës , trad. de l'Allemand en Franç. *Amst.* 1702. *in-12. Br. double v.*

7 — 7   721 La vie & aventures de Lazarille de Tormes. *Brux.* 1701. *in-12. avec de jolies fig. M. R.*

4 — .   722 Le Vagabond , ou l'hist. & le charactere de la malice & des fourberies de ceux qui courent le monde aux despens d'autruy. *Paris ,* 1644. *in-8.*

17 — 19   723 Paris burlesque , par Berthod , contenant les filouteries du Pont-Neuf, l'adresse des Servantes qui ferrent la mulle , l'éloquence des Harangeres de la halle , &c. *Paris ,* 1652. *in-4. v.*

18 — 18   724 Les amours , intrigues & cabales des Domestiques des grandes maisons , Œuvre fort plaisante & agréable pour réjouir les esprit mélançoliques. *Paris ,* 1633. *in-8. parch.*

2 — 19   725 Le Salmigondis , Œuvres morales, physiq. critiq. & burlesq. Apologie de la livrée. *in-12*

726 Les Visions de Pasquille, le jugement d'icelui, ou Pasquille prisonnier. 1547. *in-8.* parch. ————— 19 — "

# PHILOLOGUES.

*Traités généraux de la Critique, Satyre, Apologie, &c.*

727 J. Burch. Menckenii de Charlataneria eruditorum. *Amstel.* 1716. Dans le même vol. la traduction Françoise. =Critique dudit Ouvrage. *Paris,* 1726. 2 *vol. in-12.* ————— 7 — 7

728 Le Chef-d'œuvre d'un inconnu , par le Doct. Matanasius. *La Haye,* 1732. 2 *vol. in-8. en feuil.* ————— 2 — "

729 Apologie pour Hérodote, par H. Etienne, avec des remarq. par le Duchat. *La Haye,* 1735. 3 *vol. in-8.* Br. ————— 7 — 6

730 Le Conte du Tonneau , par Jonathan Swift. *La Haye,* 1732. 3 *vol. in-12.* Br. ——— 6 — "

731 La magnifique Doxologie du Festu , par Séb. Roulliard. *Paris,* 1610. *in-8.* parch. ——— 3 — "

732 Gymnopodes , ou de la nudité des pieds , disputée de part & d'autre , par Séb. Roulliard. *Paris,* 1624. *in-4.* G P. ——— 17 — 19

733 Tresor de Sentences dorées & argentées , par Gab. Meurier. *Colog.* 1617. *in-8.* parch. — 6 — 1

734 La Métamorphose du Vertueux, Livre plein de moralité ; trad. de l'Italien de Selva , par J. Baudoin. *Paris,* 1611. *in-8.* Doubl. — 2 — "

735 La Contre-mode de M. de Fitelieu. *Paris,* 1642. *in-12.* v. éc. fil. d. ————— 3 — "

736 Paradoxes , ou les opinions renversées des hommes , Livre non-moins profitable que facétieux. *Rouen,* 1638. *in-12.* parch. ——— 1 — 19

3 — .. 737 Etn. Væni, Tractatus Physiologicus de pulchritudine. *Bruxellis,* 1662. *in-8. fig. vél.*

7 — 4 738 Histoire de P. de Montmaur, par de Sallengre. *La Haye,* 1715. 2 *vol. in-8. fig. vél.*

8 — .. 739 Plaidoyé sur la principauté des sots, avec l'Arrêt de la Cour intervenu sur icelui. *Paris,* 1608. *in-12.*

3 — 2 740 Satyres du sieur de Corval, contre les abus & désordres de la France. *Rouen,* 1627. *in-8.*

4 — 6 741 La fameuse Compagnie de la Lésine, ou Alesne, *c'est à-dire,* la maniere d'espargner, acquérir & conserver, &c. avec le synode général des femmes, & deux discours nouveaux contre les cauteles, finesses & larrecins des manans & habitans de Village. = La Contre Lésine, *c'est à dire,* discours, constitutions & louanges de la libéralité, remplis de moralité & de doctrine, avec la Comédie *intitulée* les Nopces d'Antilésine ; le tout trad. de l'It. en Franç. *Paris,* 1618. 2. *vol. in-12. parch.*

6 — .. 742 Les Chats, par M. de Montcrif. — Le Miaou, ou très-docte harangue miaulée par le Sgr. Raminagrobis, le 29 Décembre 1733. jour de sa réception à l'Acad. Franç. à la place de M ***. *A Chatou, chez Minet, au Chat qui écrit.* 1734. *in-8.*

1 — 10 743 Hist. des Rats pour servir à l'hist univers. —— Lettre critiq. sur l'hist. des Rats. 2 *vol. in-8. br.*

1 — 19 744 La Nobilta dell' Asino di Attabalippa dal Peru. di Camillo Scaligeri. *in Venetia,* 1599. *in-4. fig. parch.*

7 — .. 745 La dispute d'un Ane contre Frere Anselme Tarméda, touchant la dignité, noblesse & prééminence

prééminence de l'homme par-devant les autres animaux ; *Pampelune*, 1600. *in-16.* ——— 6 — ..

746 L'Eloge de la Folie ; trad. du Lat. d'Erasme, avec des notes de Gérard Listrius, & les belles figures de Holbénius ; le tout trad. en Franç. par Gueudeville. *Leyde*, 1715. *in-12.* M. R.

747 Eloge de l'Enfer. *La Haye*, 1759. 2 vol. *in-12. fig. V: M. F. D.* ——— 8 — ..

748 La Naiffance & les triomphes émerveillables du Dieu Bacchus, par Honorat de Meynier *in-32. obl. avec de jolies gravures.* ———

749 Collegii Pofthimeliffæi votum, hoc eft, ebrietatis deteftatio, atque potationis faltationifque ejuratio. Amethyftus princeps fobrietatis. *Francof.* 1573. *in-8. vél.* ——— 2 — 16

750 L'Eloge de l'Yvreffe. *Leyde*, 1715. = Mémorable Plaidoyé des yvrognes. = Eloges des Vins de Bourgogne & de Champagne. *in-8.* — 3 — 4

751 Difcours de l'yvreffe & yvrognerie, enfemble la maniere de carouffer, & les combats bacchiques des anciens yvrognes, par J. Moufin. *Toul*, 1612. *in-8.* ——— 8 — 4

752 Les Ettennes de la S. Jean. *Troyes*, 1751. *in 12. en feuil.* ——— 2 — 3

753 Recueil de ces Meffieurs. *Amft.* 1745. *in-12.* 4 — 1

754 Recueil de ces Dames. *Brux.* 1745. *in-12.* 7 — 3

755 Les Chanfons de Gaultier Garguille. *Paris*, 1632. *in-12. parch.* 3 — ..

756 L'Art de Peter. 1751. *in-12. Br.* 2 — 17

757 Hiftoire critique des Coqueluchons. *Colog.* 1762. *in-12. Br. double.* ——— 2 — 13

758 L'Apologie des Fainéans, où défenfe de l'o.. — 3 — ..

N

ſiveté, par le Comte de Montmoron. *Paris,* 1665. *in-4.*

*Traités Critiques & Apologétiques pour & contre l'un & l'autre Sexe.*

1 — 12    759 Les Azolains de Pier. Bembo, de la nature d'Amour. *Paris,* 1555. *in-16. parch.*

1 — 12    760 Contramours l'Antéros, ou Contramour de Meſſire Bapt Fulgoſe, le Dialogue de Bapt. Platine, contre les folles amours. *Paris,* 1581. *in-4.*

3 —    761 L'art de faire l'amour ſans parler, ſans écrire & ſans ſe voir, par D. L. C. *Amſt. in-12. M. C.*

762 Morale galante, ou l'art de bien aimer. *Paris,* 1669. *in-12.*

3 —    763 Les eſguillons d'Amour, par L. D. G. ſieur de Grivesnes. *Paris,* 1597. *in-12. V. F.*

1 — 10    764 Dictionnaire d'Amour, par Dreux du Radier. *La Haye,* 1741. *in-12.*

2 — 8    765 Code de Cythère, ou Lit de Juſtice d'Amour. = Le Code lyrique, ou réglem. pour l'Opéra de Paris, avec la critique. 1746. *in 12.*

1 — 10    766 Les moyens de ſe guérir de l'amour, converſations galantes. *Paris,* 1691. *in-12.*

3 — 1    767 Métaphyſique d'Amour, par Mad. la Marq. de Lambert. *La Haye,* 1729. *in-12. Br.*

2 —    768 Les Fleurs du bien-dire, recueillies des plus rares eſprits de ce temps, pour exprimer les paſſions amoureuſes de l'un & l'autre ſexe. *Langres,* 1603. *in 12. parch.*

37 — 10    769 De la Beauté ; diſcours divers par Gab. de Mynut, avec la Paulé-graphie, ou deſcription

des beautés d'une Dame Tholosaine, nommée
LA BELLE PAULE. *Lyon , Barth. Honorat.*
1587. *in-8. parch.*

(Rare, Voy. le Catalog. de M. Gaignat, N. 2452.)

770 Discours des champs faez à l'honneur & exal-
tation de l'Amour & des Dames, par Taillemont. *Lyon , 1553. in-8.* —— 3 —

771 Hippolytus Redivivus, id est, remedium con-
temnendi sexum muliebrem. 1646. *in-12. M. C.* — 4 — 19

772 Tractatus varii de pulicibus, *absque notâ*
*anni. in-12. en feuil.* —— 1 — 10

773 Coup-d'œil Anglois sur les cérémonies du
Mariage, avec des obserw. historiq. & critiq.
pour & contre les Dames, auxquelles on a
joint les avantures de M. Harry & de ses sept
femmes. *Genève , 1750. in-12. Br.* —— 1 — 11

774 Francisci Barbari de Re Uxoria libelli duo.
*Paris. 1513.* = Traité du Tabac en sternutatoire,
par Louis Ferrant. *Bourges, 1655. in-4.* —— 3 — 15

775 Chris. Ad. Ruperti declamatio de Arcanis
in combinendis nuptiis. 1732. *in-8. en feuil.* — 2 — 10

776 Satyre Menippée sur les poignantes traverses
& incommoditez du mariage, en rime Franç.
avec la Timéthélie, ou censure des femmes,
par Th. Sonnet, troisieme édition, augmentée
d'une défense apologétique contre les Censeurs
de la Satyre du Mariage. *Paris, Jean Millot ,*
1610. *in-8. V. F F. D.* —— 4 — 11

777 Les Satyres du sieur de Corval-Sonnet , où
se trouve la Satyre Ménipée sur les poignantes traverses du mariage. *Paris , 1621. in-8.* — 4 — 19

778 Satyres du sieur de Corval, contre les simo-
niaques, les sacrilèges , les custodinos , la cor- —— 5 — 19

ruption des Juſticiers. = Les exercices de ce
temps, contenant pluſieurs ſatyres contre le joug
nuptial, contre les affections & diverſités des
humeurs & tempéramens des mariés, le haſard
des cornes épouſant belle femme, le dégoût
épouſant laide femme, la riche & ſuperbe, la
pauvre ſouffreteuſe, & cenſure des femmes.
*Rouen*, 1626 & 1627. *in-8. parch.*

779 Paradoxes qu'il faut que les filles ſe marient
ou deviennent folles. == L'Ennemi du mariage.
= Diſcours touchant les amours de la Ducheſſe de Savoye, trad. de l'It. en François
*MSS. in-fol.*

780 La Défenſe des Dames, ou ſatyres, ven-
geances récriminantes, contre les gens oppoſés au mariage, par Gent. *en Anglais. Lond.*
1701. *in-8.*

781 Dialogue ſur le Mariage, entre la veilleſſe
& la jeuneſſe, ou le Vieillard & la jeune fille,
par Gaultier. *Paris*, 1724 *in-12.*

782 Traité de l'excellence du mariage, par Jacq.
Chauſſé. *Paris*, 1685. *in-12.*

783 La Morale univerſelle, cont. les éloges de
la morale de l'homme, de la femme & du
mariage, avec un traité des paſſions, par des
Coutures. *Paris*, 1687. *in-12. M. R.*

784 Les quinze joyes du mariage. *La Haye*,
1726. *in-12. Br.*

785 L'Art de connoître les femmes, avec une
diſſertation ſur l'adultere, par le Ch. Plante-
Amours. *La Haye*, 1730. *in-12. V.*

786 Le Cercle des femmes, entretien comique,
tiré des Dialogues d'Eraſme, ſuivi de l'hiſt.
d'Hymenée. *Lyon*, 1656. *in-12. parch.*

787 Almanach des Cocus. = Almanach noc-

turne, à l'usage du grand monde. 1741.
in-12.

788 L'Art de rendre les Femmes fidelles, par
M. *Paris*, 1713. *in-12.*

789 Le supplément de Tasse Rouzi Frioutitave,
aux femmes, ou aux maris pour donner à
leurs femmes. *Paris*, *in-12. en feuil.*

790 L'imperfection des hommes, ou le triomphe du beau sexe, par Louise-Anne du Begue,
Sœur Grise. *Vienne*, 1698. *in-12. V. F.*

791 La Guerre des mâles contre les femelles,
représentant les prérogatives & dignités, tant
de l'un que de l'autre sexe, avec les mêlanges
poétiques du sieur de Cholieres. *Paris*, 1614.
*in-12.*

792 Supériorité de l'homme sur la femme, ou
l'inégalité des deux sexes, par Roquet. *in-8.*
*MSS. assez singulier.*

793 De l'égalité des deux sexes, discours physique & moral. *Paris*, 1673. *in-12.*

794 De l'excellence des hommes, contre l'égalité
des sexes. *Paris*, 1675. *in-12. V.*

795 Le grand Dictionnaire historiq. des Précieuses, par de Somaize, avec la clef. *Paris*,
1661. 3 *vol. in-8. parch.*

796 Le grand Dictionnaire des Précieuses, ou
la clef de la langue des ruelles. *Paris*, 1660.
= Recit en prose & en vers de la farce des
Précieuses. 1609. = Les véritables Précieuses,
Comédie. 1660. = La Comédie des Acadé-
mistes, pour la réformation de la langue Françoise, Piece comique. *in-12.*

797 Les Entretiens curieux de Tartuffe & de
Rabelais, sur les femmes, par le sieur Daillhiere. *Middelbourg*, 1688. *in-12. M. R.*

798 A. Silvius de pravis mulieribus, epitaphia clarorum virorum & alia multa. *in-8.*

799 La méchanceté des femmes, par D. F. D. L. Paris, 1618. *in-12. parch.*

800 De la bonté & mauvaiseté des femmes, par Jean de Marconville. Paris, 1564. *in-8.*

801 Alphabet de l'imperfection & malice des femmes, par Jacques Olivier. Paris, 1623. *in-12. vél.*

802 La défense des femmes, contre l'alphabet de leur prétendue malice & imperfection, par le sieur Vigoureux. Paris, 1617. *in 12. v.*

803 Réponse aux impertinences de l'aposté Capitaine Vigoureux, sur la défense des femmes, par Jacques Olivier. Paris, 1617. *in 12. V. F.*

804 Alphabet de l'excellence & perfection des femmes, contre l'infame alphabet de leur imperfection & malice, par de Lescale, avec un autre alphabet, dicté par le S. Esprit, à la louange des femmes & à la confusion des médisans. Paris, 1631. *in-12. parch.*

805 Le Champion des femmes, qui soutient qu'elles sont plus nobles, plus parfaites & plus vertueuses que les hommes, contre un certain Misogynés anonyme, auteur & inventeur de l'imperfection & la malice des femmes, par de l'Escale. Paris, 1618. *in-12. M. bl. D. d.*

806 Opera di Domenico Bruni da Pistoia intitolata difese della Donne. *in Milano 1559. in-8. parch.*

807 Propugnaculum castitatis, ac pudicitiæ, fortitudinis constantiæque, tam virginum, quàm uxorum, &c. accurante & operâ Nic. Hoenigeri. *Basil. 1575. in-8.*

808 Dialogue apologétique, excusant ou défen-

dant le devot sexe féminin, introduict par deux personnages, l'un a nom bouche maldisant; l'autre, femme défendant, auquel ( pour excuser ou défendre ledit sexe ) est alléguée la Sainte-Escriture ; les Docteurs de l'Eglise, comme S. Ihérosme, S. Ambroise, S. Grégoire, S. Augustin, S. Bernard, & plusieurs auctorités des Philosophes. *Paris*, 1516. *in-8.* Goth. V. F.

809 Miroir de la vanité des femmes mondaines, par Louis de Bouvignes. *Namur*, 1684. *in-12.*

810 Le Miroir des femmes qui fait voir d'un côté les imperfections de la méchante femme, & qui montre de l'autre les bonnes qualités de la femme sage. *Bourges*, *in-12.* Br.

811 Tableau historique des ruses & subtilitez des femmes, où sont naïfvement représentées leurs mœurs, humeurs, tirannies, cruautez, desseins, inventions, feintises, tromperies & généralement leurs artifices & pratiques, par L. S. R. *Paris*, 1623. *in-8.* V. M. F. D.

812 Tableau des piperies des femmes mondaines, où par plusieurs histoires se voyent les ruses & artifices dont elles se servent. *Paris*, 1632. *in-12,* parch.

813 Le Triomphe des Dames. = La vraie Philosophie des Dames, où l'on voit comme il est possible de conserver leur beauté sans aucuns rides, ni fâcheuses marques de la vieillesse, & de leur pouvoir entretenir le teint clair, poli, vermeil & enfantin, par du Soucy. *Paris*, 1653. *in-4.*

814 Plainte du Teint aux Dames, contre le Rouge. = Avis aux femmes & aux filles sur leur nudité d'épaules & de gorge. *in-12.*

6 — 1   815 Les yeux, le nez, &c. Ouvrage curieux, galant & badin. *Amst.* 1735. *in-12. fig.* V. M. F. D.

3 — 2   816 Les Entretiens galants d'Aristipe & d'Axiane, contenant le langage des T. & leur panégyrique, Dialogue du fard & des mouches, &c. *Paris*, 1664. *in-12. parch.*

1 — 5   817 Henr. Corn. Agrippa de nobilitate & præcellentia fœminei sexûs. 1568. *in-16.*

1 — 11   818 De la grandeur & de l'excellence des femmes au dessus des hommes, compos. par Cor. Agrippa. *Paris*, 1713. *in-12.*

819 Paradoxe apologétique, où il est fidellement démontré que la femme est beaucoup plus parfaite que l'homme, par Alexandre de Pont-Aymery. *Paris*, 1594. *in-12. parch.*

3 — 0   820 Les avantages du sexe, ou le triomphe des femmes, dans lequel on fait voir par de très-fortes raisons que les femmes l'emportent par-dessus les hommes, & méritent la préférence. *Anvers*, 1698. *in* 12.

1 — 4   821 Le Triomphe des femmes, où il est démontré que le sexe féminin est plus noble & plus parfait que le masculin. *Anvers*, 1700. *in-12. Br.*

822 La nobilita & l'excellenza delle Donne co' difetti & mancamenti de gli Huomini. discorso di Lucretia Marinella. *in Venet.* 1601. *in-8.*

2 — 2   823 La nobilita & l'eccellenza delle Donne. *in Venet.* 1601. *in-4. double.*

824 La nobilta delle Donne, di Lud. Domenichi. *Venet.* 1549. *in-8.*

825 Della dignita & nobilta delle Donne, Dialogo di Crist. Brozini. *in Firenze.* 1625. *in-4. parch.*

1 — 16

826 I Donneschi di Fetti di Giuseppe Passi. *in*
Venet. 1618. *in-4.*

827 Les Dames illustres, où par bonnes & fortes raisons il se prouve que le sexe féminin surpasse en toutes sortes de genres le sexe masculin. *Paris, 1665. in-12. Br.* — 5 - 1

828 L'excellente femme, décrite par ses vrais caractères & leurs opposées. *Lond. 1692. in-8.* - 1 - -

829 Œuvres poétiques de Marie de Romieu, contenant un brief discours que l'excellence de la femme surpasse celle de l'homme. *Paris, 1581. in 12. parch.* — 2 - -

830 La femme n'est pas inférieure à l'homme. *Lond. 1750. in-12. Br.*

831 La Minerve Dauphine, ou l'excellence du sexe féminin. *in-8. MSS. M. R.* 2 - -

832 Le mérite des Dames, avec l'entrée de la Reine & de cent Dames du temps, dans le Ciel des belles Héroïnes, par S. Gabriel. *Paris, 1660. in-8.* — 1 - 10

833 Discours ou sermon apologétique en faveur des femmes; question nouvelle, curieuse, & non jamais soutenue, par Louis Machon. *Paris, 1641. in-8. M. R.* — 1 - 7

834 Sim. Gedicci disputatio quâ probare nititur mulieres homines non esse, & defensio sexûs muliebris. *Hagæcomitis, 1641. in-12. parch.* — 3 - 2

835 La défance du beau sexe, par I. L. D C. avec le panégyrique des Dames, par Gilbert. *Lyon, 1650 & 1658. 2 vol. in 4.*

836 Le Bellerre, le Lodi, gli amori, & i costumi delle donne di Agnolo Firenzuola. = Ammaestramenti, pregiatissimi che appartengono alla educatione, di Lud. Dolce. *Venet. 1622. in-8.* 1 - 16

837 Le bouclier des Dames, contenant toutes leurs belles perfections, par Louis le Bremen. (Tout par amour, rien par la force.) *Rouen,* 1621. *in-*12. *parch.*

838 La Reine des femmes. *Paris,* 1643. = Le cercle des femmes sçavantes, par de la Forge. *Paris,* 1663. = Discours en la faveur des Dames, contre les médisans. *Paris,* 1600. = Le triomphe des Dames. *Paris,* 1599. 4 *vol. in* 12. *parch.*

839 Discours en la faveur des Dames, contre les médisans. 1600. = Harangue faicte en la défense de l'inconstance. 1578. = Apologie de la constance, ou fleau des inconstans, avec les reproches de quelques amantes à leurs serviteurs infideles. *Paris,* 1598. *in-*12. *parch.*

840 La vittoria delle Donne, descritta da Luc Bursati. *Venet.* 1621. *in-*8.

841 Theatro delle Donne, del Fr. Agostino. *Mondovi,* 1620. *in* 8. *parch.*

842 Coloquio de las Damas, de P. Aretino, traduzido en la lengua Castellana, por el beneficiado Fernan Xuarez. *anno.* 1607. *in-*8. *parch.*

843 Dialogo de la doctrina de las Mugeres. *Valladolid.* 1584. *in-*8. *parch.*

844 Conversations sur l'excellence du beau sexe, par Verteron. *Paris,* 1699. 2 *vol. in-*12.

845 Le Paranymphe des Dames, par Angenoust. *Troyes,* 1629. *in-*8. M. V.

846 Libellus de honore mulierum cum gratia & privilegio impressus. *Venetia,* 1500. *in-*8. M. Bl.

847 Defenses du beau sexe, ou Mém. historic. philos. & critiq. pour servir d'apologie aux femmes. *Amst.* 1753. 4. *vol. en feuil.*

848 Exhortation aux Dames vertueuses , avec l'Hécatomphile de L. Bapt. Albert , contenant l'art d'aimer , en Ital. & en Franç. *Paris ,* 1597. *in* 12. —————— *1 - 6*

849 Réponse à un Curieux , demandant pourquoi les hommes s'assubjectissent aux femmes. Exortation aux Dames vertueuses en laquelle est démontré le vray point d'honneur. = Discours contre ladite exortation. *Paris ,* 1598. *in-*12. *parch.* —————— *1 - 4*

850 La Courtisanne déchiffrée , dédiée aux Dames vertueuses de ce temps , par I. F. C. D S. S. *Paris ,* 1642. *in-*8. —————— *2 - 15*

851 V. An. M. à Schurman dissertatio , de ingenii muliebris ad doctrinam & meliores litteras aptitudine. *Lugd. Bat. ex off. Elzev.* 1641. *in-*12. —————— *2 . 1*

852 Question célebre , s'il est nécessaire , ou non, que les filles soient sçavantes , agitée de part & d'autre , par Mlle. de Schurman & André Rivet ; le tout mis en François , par Colletet. *Paris ,* 1646. *in-*8. *parch.* —————— *1 - 18*

853 Trattato degli studi delle Donne. *Venetia ,* 1740. 2. *vol. in-*8. —————— *1 - 17*

854 Louanges des Dames , en prose & en vers, ou discours prononcé par Perette de la Babille, Présidente de l'Académie des femmes sçavantes. *Lyon ,* 17 6. *in-*8. *Br.* —————— *2 . 1*

855 Declamatio incerti autoris Græci , in uxoris loquacitatem , interprete Fid. Morello. *Parif.* 1597. *in -*8. *parch.* —————— *1 . 5*

856 Apologie de la Science des Dames , par Cléante. *Lyon ,* 1662. *in-*12. *parch.*

857 Traité de la liberté , de la science & de l'au- *2 - ..*

torité, où l'on voit que les personnes du sexe, pour en être privées, ne laissent pas d'avoir les qualités qui les en peuvent rendre participantes ; avec un petit traité de la foiblesse, de la légéreté & de l'inconstance qu'on leur attribue mal-à-propos, par Aristophile. *Paris*, 1694, *in-4.*

858 Les différents caractéres des femmes du siecle, avec la description de l'amour-propre, par Mad. de Pringy. *Paris*, 1699. *in-12. V.*

859 Les Plaisirs des Dames, avec la Bibliothéque des Dames, par de Grenaille. *Paris*, 1641. *2 vol. in-4.*

860 La liberté des Dames. *Paris*, 1685. *in-12.* V. F.

861 La Femme généreuse. *Paris*, 1643. *in-8.* parch.

862 L'Ami des Femmes. 1758. *in-12.* Br.

863 La méchante Femme. *Paris*, 1728. = Eloge de la méchante femme. 1731. = La Femme mécontente de son mari. *Paris*, 1707. = Dissert. sur la question lequel de l'homme ou de la femme est plus capable de constance. *Paris*, 1750. *in-12.*

864 Défense du beau sexe. *Lond.* 1691. = Défense, ou éloge des Femmes. 1743. = Le Triomphe des Dames. *Paris*, 1755. = Les différens caracteres des femmes du siecle. *Par.* 1705. = Problème sur les femmes. *Amst.* 1744. = La Femme qui ne se trouve point. 1705. *in-12.*

865 Les vertus du beau sexe. *La Haye*, 1733. = L'Apothéose du beau sexe. = La Femme foible. *Nancy*, 1733. = Egalité des hommes

& des femmes. 1722. = Les femmes fçavantes.
*Amft.* 1718. = Apologie des Dames appuyées
fur l'Hift. *Paris,* 1737. *in-*12.

866 Satyres fur les femmes bourgeoifes qui fe font
appeller Madame, par le Chevalier D * * *.
*La Haye,* 1713. 2 *vol. in* 8. *V. F.* —   7 - "

867 Satyre fur le fort des maris & des femmes
de Paris. 1703. = Le fexe vengé par le fexe,
ou fatyre des maris. = Satyre contre les vieilles
coquettes. 1702. = Vengeance des femmes
contre les hommes, les petits-Maîtres, & les
Vieillards amoureux. 1704 *in* 8. *Br.* — — 4 - 7

868 Satyre fur les femmes, par M. L***. 1703.
= Satyre des femmes, par Greffet, *in-*12. *Br.* — 2 — 11

## EMBLÊMES ET PROVERBES.

869 L'Art des Emblêmes, par le P. Méneftrier.
*Paris,* 1684 *in* 8.

870 La Philofophie des Images, compofée d'un
ample recueil de devifes, par le P. Méneftrier.   6 — "
*Paris,* 1682. 2 *vol. in-*8.

871 La Philofophie des images énigmatiques,
où il eft traité des énigmes, prophéties, di-
vinations, loteries, talifmans, fonges, centu-
ries de Noftradamus, &c. par le P. Méneftrier.
*Paris,* 1694. *in-*12. —————— 3 — "

872 Recueil d'emblêmes, devifes, médailles &
figures hieroglyphiques, au nombre de douze
cens, avec leurs explications, par Verrien.
*Paris,* 1696. *in-*8. —————— 10 — "

873 Iconologie, ou explication des images, emblêmes, & autres figures hyerogliphiques, des
vertus, des vices, des arts, des fciences, &c.
tirée des recherches & des figures de Céfar   27 — 15

Ripa , moralifées par J. Baudoin. *Paris ;* 1644. *in-fol. fig.*

874 Symbolorum felectorum centuria una cum eorum diverfis explicationibus. *Codex MSS. in membranis , currente fæculo* XVII. *litteris qua-dratis exaratus , & figuris auro & coloribus de-pictis decoratus. in-4.* M. R. *doré à compart.*

( Voy. le Catalog. de M. Gaignat, N°. 2470. )

875 Emblêmes, Devifes Chrétiennes & morales, au nombre de XXXI. planches gravées , *avec le difcours MSS. les 31 planches font très-bien enluminées. in-4.* M. R.

876 Delineata Pœnitentia Evangelici David. *An-tuerp.* 1629. *in-8. fig. vél.*

877 Oth. Væni Emblemata amoris divini. *An-tuerp.* 1615. *in-4.* M. R.

878 Amorum Emblemata , figuris æneis incifa ftudio Oth. Væni. *Antuerp.* 1612. *in-4. obl.*

879 Emblêmes facrés fur la vie & miracles de S. François , expliqués en vers François , & enrichis de figures. *Paris ,* 1637. *in-12 parch.*

880 Emblêmes divers , par J. Baudoin. *Paris ,* 1639. *in-8. fig.*

881 Emblêmes & devifes pour la Reine mere, au nombre de LX. par Mathieu de S. Ger-main. *MSS. fur vélin , les emblêmes en mi-niatures. in-8.* Maroq.

*882 Les Emblêmes d'Alciat, mis en rime Fran-çoife. Paris ,* 1540. = Le Théâtre des bons engins , auquel font contenus cent emblêmes, par de la Peyriere. = Hecatomgraphie, ou def-cription de cent figures & hiftoires , conte-nant plufieurs appophtegmes , proverbes & fentences des anciens & des modernes. *Paris ,* 1540. *in-8. fig.*

883 Q. Horatii Flacci Emblemata, imaginibus in æs incisis notifq. illustrata, studio Othonis Væni. *Antuerp.* 1607. *in-4.* — 6 - 1

884 J. Jac. Boissardi Emblemata. *in-4. obl.* — 1 - 16

885 Emblêmes d'amour en quatre langues. *Lond. in-8. fig. vél.* — 3 - 15

886 Proscenium vitæ humanæ, sive Emblematum secularium, &c. sculptore J. Th. de Bry. *Parif.* 1627. *in-4.* — 2 - 4

887 Jacobi Gatzii Silenus Alcibiadis sive proteus, humanæ vitæ ideam emblemate trifariam variato oculis subjicient. *Amstel. in-4. vél. fig.* — 6 -

888 Ant. à Burgundia mundi lapis Lydius, sive vanitas per veritatem falsi accusata & convicta. *Antuerp.* 1639. *in-4. fig.* — 2 -

886 Le Pegme de Pierre Coustau, avec les narrations philosophiques, mis de Latin en Franç. par Lanteaume de Romieu. *Lyon,* 1560. == Les Amours d'Isménius, composés par le Philosophe Euftatius, trad. du Grec en François, par Jean Louveau. *Lyon,* 1559. *in 8. vél.* — 3 - 16

890 Les Divertiffements de Florent Chouayne, contenant un recueil de diverfes devifes & emblêmes, &c. *Chartres,* 1645. *in-8. parch.*

891 Emblêmes fur les actions, perfections & mœurs du fegnor Espagnol, trad. du Caftillien. == Rodomontades Espagnoles, recueillies du Capitaine Lonbardon. *Rouen,* 1626. *in-12. fig.* } 4 - 1

892 Recueil des plus illuftres proverbes, divifés en trois Livres : le Ie. contient les proverbes moraux : le IIe. les proverbes joyeux & plaifans : le IIIe. repréfente la vie des gueux en proverbes, mis en lumiere par Jacq. Lagniet. *in-4. fig. M. V. rare.* — 13 0

893 Proverbi Italiani è Latini, da Orl. Pescetti in *Venet.* 1611. *in* 12. *parch.*

## POLYGRAPHES.

894 Les Appréhensions spirituelles, avec les recherches de la pierre philosophale, par F. B. de Verville. *Paris*, 1584. *in-12. parch.*

895 Le Monde renversé, ou Dialogues des Génies différens qui renversent le monde. *Ville-franche*, 1712. *in-12. parch.*

896 Sommaire des sept vertus, arts libéraux, arts de poésie, arts méchaniques, arts magiques, louenge de la musique, &c. par Guill. Telin. *Paris*, *Galliot Dupré.* 1533. *in-8. Goth.*

897 Histoire du siége des Muses, où parmi le chaste amour est traité de plusieurs belles & curieuses sciences, divine, morale & naturelle, architecture, alchimie, peinture & autres, par Aomayron. *Lyon*, 1610. *in 8. parch.*

898 Œuvres mêlées du sieur Gaillard, le Philosophe plaisant. *Paris*, 1634. *in-8.*

## DIALOGUES ET EPISTOLAIRES.

899 Colloques d'Erasme. *Leyden*, 1653. *in-12. vélin.*

900 Coloquios o Dialogos por el Caval. Pero Mexia. *Andaluzia.* 1547. *in 8. Goth. parch.*

901 La maniere de bien penser dans les ouvrages d'esprit, par le Pere Bouhours. *Paris*, *Cramoisy.* 1687. *in-4.* M. R.

902 Les Entretiens d'Ariste & d'Eugene, par le Pere Bouhours. *Paris*, *Cramoisy.* 1671. *in-4.* M. R.

903

903 Dialogue très-plaisant, *intitulé*, le Peregrin, traitant de l'honneste & pudique amour, translaté du vulgaire Italien en langue Françoise, par Fr. Dassy. *Paris*, 1528. *pet. in-4. Goth.* — 2 — "

904 Dialogues & devis des Damoiselles, pour se rendre vertueuses & bien heureuses en la vraye & parfaicte amitié, enrichis de quelques histoires facétieuses, & discours de la nature d'amour. *Paris*, 1583. *in-16. parch.* — 2 — 16

905 Notable discours en forme de Dialogue, touchant la vraye & parfaicte amitié, duquel les Dames peuvent tirer instruction utile & profitable pour bien se gouverner en amour. *Lyon*, 1577. *in-16. parch.* — 2 — 10

906 La Claire, ou de la prudence de droit Dialogue, plus la clarté amoureuse, par Lois le Caron. *Paris*, 1554. *in-12.* — 3 — "

907 Dialogues de Patru & d'Ablancourt sur les plaisirs. *Amst.* 1714. *in-12. en feuil.* ⎫
908 Dialogo della institution delle Donne, di Lud. Dolce. *Venet.* 1547. *in-8. V. F.* ⎭ 1 — 7

909 La Circé de Giov. Bapt. Gelli, trad. en Franç. par Duparc. *Lyon*, 1550. *in 8. M. V.* — 2 — 6

910 Pasquin ressuscité, ou Dialogue entre Pasquin & Marforio, trad. de l'Ital. *Villefranche*, 1670. *in-12. vél.* — 1 — "

911 Lettera di Leriano à Laureola, da Messer Lelio de Manfredi. *in Venet.* 1533. *in-8. vél.* avec de jolies fig. en bois. ⎫
912 Epistole amorose di Piet. Michiele. *in Venet.* 1632. *in-12.* ⎭ 2 — 2

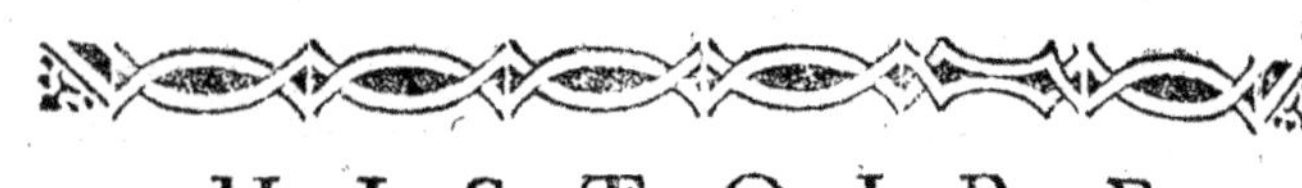

# HISTOIRE.

## GEOGRAPHIE ET VOYAGES.

6 — 19  
913 CL. Ptolemæi Geographia. *Bafil.* 1552. *in-fol. lav. regl.*

98 — 1  
914 Atlas en VII. cartes, contenant les cartes générales du monde, deffinées & peintes en couleur & or, fur vélin, très-bien exécuté, par Jean Martines. *à Meffine, en* 1582. *gr. in-fol.* M. R. dent. d'or.

7 — "  
915 Cartes générales & particulieres du Langue-doc, au nombre de XXXIII. divifées par Gouvernement ; *plus,* IX. Cartes du Dauphiné. 2 *vol. in-fol. vél.*

( Ces Cartes Géogr. font faites à la main ; elles font lavées, & les noms des Villes font très-bien écrits.)

9 — 1  
916 Journal d'un voyage au Nord, en 1736 & 1737, par Outhier. *Paris,* 1744. *in-4. fig.*

489 — 19  
917 Le Livre des Pérégrinations de Meffire Marc Paole, Citoyen de Venife dans la grant Armenye, de Perce, des Tartares, de l'Ynde, de maintes autres Provinces, tranflaté en langue Françoife, avec un extrait en maniere de Chronique, tiré de Bérofe & autres Aucteurs. *MSS. fur vélin du* XV. *fiecle, décoré de* CLXXXXVIII. *miniatures bien confervées, pet. in fol. relié en velours cramoifi.*

( Ce précieux MSS. mérite l'attention des Amateurs.)

918 Le Voyage du Baron de Sainct Blancard en
Turquie, par Jehan de Vega. *MSS. sur vélin,
in-4. rel. en velóurs verd.* D. S. T. ——— 12 — ..

( Ce MSS. a appartenu au Coneſtable de Mont-
morency. )

919 Voyage du Levant, fait par ordre du Roi,
par Pitton de Tournefort. *Paris, Impr. Roy.*
1717. 2 *vol. in* 4. *fig.* M. B. ——— 38 — ..

# CHRONOLOGIE ET HISTOIRE
# UNIVERSELLE.

920 La Salade, laquelle fait mention de tous
les Pays du monde, & du Pays de la belle
Sybille, avec la figure, pour aller au Mont
de ladite Sybille, & la figure de la mer & de
la terre, &c. par de la Sale. *Paris,* 1527.
*in-fol. Goth.* ——— 9 — ..

( Il y a des variantes dans cette édition qui ne
ſont pas dans celle de 1521, & les figures ne ſont
pas tout-à-fait les mêmes. )

921 Commentarius in Ruznamenaurus, ſive
tabulæ æquinoctiales novi Perſarum & Turcarum anni, nunc primum editæ è bibliotheca
G. H. Velſchii. *Aug. Vind.* 1676. *in-4. fig.* — 7 — 6
922 La Mer des Hiſtoires. *Paris,* 1488. 2 *vol.*
*in-fol.* G. P. M. R. *lav. regl.* ——— 20 — 2
923 Dendrologie, ou la forêt de Dodonne,
compoſée de pluſieurs arbres myſtérieux, ſous
l'ombre deſquels eſt diſcouru critiquement des
plus mémorables négociations & traverſes d'E-
tat, depuis 600 juſqu'à préſent, par Jacq.
Howel. *Paris,* 1641. *in-4. fig.* M. R. ——— 6 — 1

3 — 12   924 Le Mercure Poſtillon , de l'un & l'autre monde en Italien & en François. *Villefranche,* 1667. *in-12. M. R.*

# HISTOIRE ECCLÉSIASTIQUE ET DES PAPES.

4 — 4   925 Traduction de la lettre d'Euſebe Romain ( J. Mabillon , ) à Théophile , ſur le culte des Saints inconnus. *Paris* ,1698. *in-12. parch.*

926 Anecdotes Eccléſ. contenant la police de l'Egliſe Chrétienne , par G. *Amſt.* 1753. *in-8. M. Bl.*

1 — 6   927 Traité des anciennes cérémonies ,par Jonas Porrée. *Quevilly ,* 1673. *in-12.*

4 — 6   928 Les conformités des cérémonies modernes, avec les anciennes , où il eſt prouvé par des autorités inconteſtables que les cérémonies de l'Egliſe Romaine ſont empruntées des Payens. *impr. l'an* 1667. *in-8. parch.*

1 — 10   929 Les Nouvelles lumieres politiques pour le gouvernement de l'Egliſe , ou l'Evangile nouveau du Cardinal Palavicin , par Jean le Noir. *Holl.* 1676. *in-12. vél.*

3 — 1   930 Tableau des Papes de Rome. *Colog.* 1714. *in-8. vél.*

2 — 8   931 Cérémonial de l'élection des Papes. *Paris ,* 1655. *in-8. fig. parch.*

4 — 4   932 La Chambre des comptes d'Innocent XI. Dialogue entre S. Pierre & le Pape , à la porte du Paradis. = Intrigues de la Cour de Rome, ou idée du conclave de 1689. *Rome ,* 1689 , *in-12. parch.*

4 — 3   933 Onuphrii Panvinii elogia & imagines XXVII. Pontificum Maxim. *Romæ ,* 1568. *in-fol.*

2 — 8   934 Mémoires hiſtoriques & critiques ſur la vie

& fur la légende du Pape Grégoire VII. *St.*
*Pourcain ,* 1743. 3 *vol. in-12. V.*

935 Relation de tout ce qui fe paffa entre le
Pape Alexandre VII. & le Roi de France, au
fujet de l'infulte que les Papalains firent au Duc
de Créqui , le 20 Août 1662. *Colog.* 1670.
*in-12.* — 2 — 4

# HISTOIRE MONASTIQUE.

## VIES DES SAINTS , &c.

936 Anagraphe de origine Cartufiani ordinis ,
verfibus hexametris defcripta in minore clauf-
tro Cartufiæ. *Parif.* Avec la traduction Françoife du Frere Franç. Jary. *Paris ,* 1568. *in-4.*
*parch.* — 3 — ..

937 Hiftoire des Chanoines , ou recherches hiftoriques , critiq. fur l'Ordre Canonique. *Paris ,*
1699. *in-12.* M. R. — 6 — ..

938 Critique de l'Hiftoire des Chanoines , ou
Apologie de l'état des Chanoines , &c. avec
une differtation fur la Canonicité de l'Ordre
des Prémontrés. *Luxemb.* 1700. *in-8. V.* — 3 — ..

939 Hiftoire de Dom Inigo de Guipufcoa , par
Raziel de Selva , aug. de l'Anti-Cotton. *La*
*Haye ,* 1738. 2 *vol. in-8.* Br. — 1 — 17

940 Hiftoire du P. de la Chaize, Confeffeur de
Louis XIV. *Cologne ,* 1696. 2 *tom. en* 1 *vol.*
*in-12. vél.* — 9 — 19

941 La Guerre féraphique , ou hift. des périls
qu'a courus la barbe des Capucins, par les vio-
lentes attaques des Cordeliers. *La Haye ,* 1740.
*in-12. en feuil.* — 2 — 8

942 La Légende dorée. *Amft.* 1734. 3 *vol. in-12. fig.* 10 — 1

943 La Vie & les miracles du P. le Tellier , 4 — ..

son origine, ses progrès, sa chûte & la déroute de sa société. *La Haye*, 1716. *in-12.*

120 — .. 944 Renversement de la Morale Chrétienne par les désordres du Monachisme, dont les personnages sont réprésentés par des figures grav en taille douce, & en maniere noire, avec ur discours en François & en Hollandois. *in-4. vél*

( Les Gravures de ce Livre sont dans le même genr que celles qui sont dans les Héros de la Ligue. )

2 — .. 945 Statuta Ordinis Hospitalis Hierusalem. *Roma* 1538. *in fol. fig.*

3 — 5 946 Virorum illustrium ex ordine Eremitarum D. Augustini elogia cum singulorum express ad vivum iconibus, Aut. Corn. Curtio. *An tuerp.* 1636. *in-4. vél.*

12 — .. 947 Vita D. Thomæ Aquinatis, Othonis Væn ingenio & manu delineata. *Antuerp.* 1610 *in-fol. fig.*

1 — 10 948 Marie Auguste ou bien discours des louanges, tiltres & grandeurs des Royaumes, Isles Villes, Ordres, Monasteres, Temples, Images, Reliques, Fêtes, Confréries, Indulgen ces & Offices de la Mere de Dieu, par Ferr de Locre. *Arras*, 1603. *in-8. parch.*

4 — 5 949 Histoire de la vie de S. Hubert. *Paris*, 167 *in 8. fig.*

6 — 15 950 Sylva Anachoretica Ægypti & Palestinæ figuris æneis & brevibus vitarum elogiis e pressa. Abr. Blommaert inventore, Bœtio Bolswert sculptore. *Antuerp.* 1619. *in-4. V.*

2 — 8 951 M. Lupi Epitaphium severæ Martyris illustr tum. *Panormi*, 1734. *in-4.*

952 Les saintes Métamorphoses, ou les cha gemens miraculeux de quelques grands Saint

par Baudoin. *Paris, en l'Imprimerie des nouveaux caractères de P. Moreau. 1644. in-4. fig. parch.*

953 Histoire de la vie, des miracles & du Purgatoire de S. Patrice, par le R. P. Franç. Bouillon. *Paris, 1665. in-12. parch.*

954 Histoire, vie & miracles, extazes & révélation de la bienheureuse Vierge, Sœur Jeanne de la Croix, du Tiers-Ordre de notre Séraphique Pere S. François. *Lyon, 1618. in-12. parch.*

955 La preuve historique des Litanies de la grande Reine de France Ste. Radegonde, par J. Filleau. *Poictiers, 1643. in-4. parch.*

956 Discours sur les prodiges du S. Cierge, apporté par la très-auguste & très miséricordieuse Mere de Dieu, comme remede souverain contre le feu ardant, dans l'Eglise d'Arras, le 27 de Mai de l'an 1105, par Nic. Fatou. *Arras, 1696. in-12. Br.*

957 Dissertation sur la Ste. Tunique de N. S. J. C, qui est conservée dans le Prieuré d'Argenteuil, par Gab. de Gaumont. *Paris, 1667. in-12.*

958 Histoire du S. Sacrement de miracle, reposant à Bruxelles, par Etienne Ydens. *Brux. 1605. in-8. fig. parch.*

## HISTOIRE DES HÉRÉSIES ET DES HERÉTIQUES.

959 Apocalypsis insignium aliquot Hæresiarcharum qua visiones & insomnia ipsis per somnia patefactæ blasphemias pura inauditas, ac deliramenta enthysiastica revelantur, unaque opera

vitæ ac mortis cœlo Latino donantur. *Lug*
*Bat.* 1607. *in* 12. *fig.*

2 — 2 960 Hist. des Flagellans , par l'Ab. Boiléau.
*Amst.* 1701. *in-*12.

6 — " {961 La porte ouverte pour parvenir à la connoissance du Paganisme caché , trad. en Franç.
par Th. de la Grue. *Amst.* 1670. *in-*4. *fig.*

962 Les Religions du monde, par Th. de la
Grue. *Amst.* 1666. *in-*4. *fig.*

12 — " 963 Histoire & recueil de la triumphante & glorieuse victoire , obtenue contre les séduycts &
abusez Luthériens mescreans du pays Daulsays
& autres , par le Prince Antoine , Duc de
Calabre , de Lorraine & de Bar , compilée
par Nic. de Volcyre. *Paris ,* 1526. *in-fol. Goth.*

2 — 8 {964 Histoire des Sectes tirées de l'armée Sa-
thanique , lesquelles ont oppugné le St Sacrement du Corps & Sang de J. C. depuis la
promesse d'icelui, faicte en Capernaum jusques
à présent , par Th. Beauxamis. *Paris ,* 1570.
*in-*4.

965 Histoire de la naissance & du progrez du
Kouakerisme. *Colog.* 1692. *in-*12.

3 — " 966 Histoire des Anabaptistes, cont. leur doctrine , les diverses opinions qui les divisent
en plusieurs sectes. *Amst.* 1700. *in-*8. *fig.*

1 — 16 967 Le grand miroir des Réformés sous l'hist.
tragique de Dorimene. *Genève.* 1673. *in-*8.

2 — 8 968 Histoire mémorable de la persécution &
saccagement du peuple de Merindol & Ca-
brieres, appellés Vaudois. 1556. — Le Mercure
Postillon. *in-*12.

14 — 14 969 Théâtre des cruautés des Hérétiques de notre
temps , trad. du Latin en François. *Anvers ,*
1588. *in-*4. *fig. parch.*

970

970 Histoire du Calvinisme , & celle du Papisme , mise en parallele, par L. Maimbourg.
*Rotterd.* 1683 , 3 tom. en 2 vol. *in-4. vél.* —— 3 — ..

971 Préjugés légitimes contre le Papisme. *Amst.*
1685. *in-4. vél.* —— 2 — ..

## HISTOIRE PROPHANE ET HISTOIRE MODERNE.

972 Publii Optatiani Porphyrii Panegyricus dictus Constantino Augusto, ex Codice manus-
cripto Paul. Velseri. *Augustæ Vindelicorum ,*
1585. *in-fol.* —— 2 — 1

973 Le Népotisme de Rome , trad. de l'Ital. de
Grég. Leti. *Holl.* 1669. *in-12.* M. R.

974 L'Histoire d'Hercule le Thébain. *Paris ,*
1758. *in-8.* Br. } 2 — ..

975 La Légende des Vénitiens , ou autrement
leur Cronicque abrégée , par laquelle est démontré le très-juste fundement. = La Plainte
du Désir , c'est-à-dire la déploration du trépas
de Mgr. le Comte de Ligny. = Les Regrets
de la Dame infortunée. *Lyon ,* 1509. *in-12.*
*Goth.*

976 Institution de l'Ordre du Croissant , fondé
par René, Roi de Sicile , qui a pris pour Chef
& Patron dudit Ordre , Monseigneur S. Mau-
rice. *MSS. sur vélin , décoré de* v. *grandes mi-*
*niatures , & de* vi. *vignettes. in-8. V.* —— 167 — 19

977 C. Inghiramii Fragmenta Ethruscarum anti-
quitatum. *Francof.* 1637. *in-fol. fig.* —— 3 — 12

978 Extrait de la Généalogie qui fait voir
clairement que la Princesse , sœur du Duc de
Mantoue , est descendue de René Bastard de 84 — ..

Savoye, avec la relation politique de la né-
gotiation du Comte de Saujon, tant pour l'é-
clairciffement de la Généalogie, que pour con-
clure l'accommodement de M. le Duc de Lorraine avec la France, ainfi que de reconnoiftre
avec adreffe ce que l'on pouvoit attendre du
mariage dont il avoit été parlé de Mademoi-
felle avec l'Empereur Ferdinand, & de contri-
buer en tout ce qui feroit néceffaire à le faire
réuffir, ainfi que pour y traiter avec Sa Majefté Impériale Ferdinänt III. de l'entiere exécution de la paix de l'Empire. *MSS. fur vélin*, 2 *vol. in-fol. V.*

# HISTOIRE DE FRANCE, GÉNÉRALE ET PARTICULIERE.

979 Les Monumens de la Monarchie Françoife,
par le R. P. Bern. de Montfaucon. *Paris*,
1729. 5 *vol. in-fol. fig. Gr. Pap. M. R.*

980 Hiftoire de la Milice Françoife, par le
R. P. Daniel. *Paris*, 1721. 2 *vol. in-4. fig.
Gr. P. M. R.*

981 Le Grand Aulmofnier de France, par Séb.
Roulliard. *Paris*, 1607. *in-8. parch.*

982 Le Livre *intitulé* les Sernnomes & Ordonnances, appartement agaige de bataille, faict
par querelle, felon les conftitutions faictes
par le Roy Phelippe de France. *MSS. fur
vélin, de l'an* 1306. *in-4. parch.*

983 Le Livre des Ordonnances des Chevaliers
de l'Ordre de St. Michel. = Le Manuel de
la Grand Phrairie des Bourgeoys & Bourgeoyfes
de Paris. = Prieres pour les Freres malades,

à dire par les autres Freres, quand sont advertis
de la maladie. *Gothiq.* ⹀ Fondation, vie &
reigle de l'Ordre Militaire & Monastique des
Chevaliers Religieux du Glorieux Pere S.
Antoine en Ethiopie, Monarchie du Prête-
Jean, des Indes. *Paris, 1632. in-8.*

984 Les Ordonnances de l'Ordre de St. Michel,
*impr. sur vélin in-4. V.*

985 Tréforerie de Messeigneurs les Enfans de
France, pour les années 1550 & 1551. *MSS.
sur velin, in-fol. V. M.*

986 *Un MSS. Latin au* xvi. *siecle & sur vélin,*
contenant une relation des gestes des François,
sous Louis IX. du nom, dans l'entreprise de
la conquête de Hiérusalem & autres lieux de la
Terre-Sainte, commencée d'abord par un nommé *Fulcherius,* & continuée par un autre His-
torien du nom de Raimundus de Agilart. *petit in-fol. relié en veau.*

987 Bref & utile discours sur l'immodestie &
superfluité d'habits, avec l'Ordonn. du Roi
Henri II. sur la réformation des habits. *Lyon,
1577. in-4.*

988 Généalogie & la fin des Huguenaux, &
découverte du Calvinisme, par Gab. de Saconay. *Lyon, 1572. in-8. parch.*

989 Commentaires de l'état, de la Religion & Ré-
publique sous les Rois Henry, François second
& Charles IX. par le Présid. Pier. de la Place.
*Ciceron. 1565. in-8. parch.*

990 Brutum fulmen Papæ Sixti V. adversùs Henricum Sereniffimum Regem Navarræ, & il-
lustriffimum Henricum Borbonium Principem
Condæum, unà cum protestatione multiplicis
nullitatis. *Roma, 1585, in-8. V. F.*

991 Moyens d'abus, entreprises & nullités d
Rescript & Bulle du Pape Sixte V. contr
Henry de Bourbon, Roi de Navarre. *Cologne*
1586. *in-8. parch. double.*

992 Sermons de la simulée convertion, & nul-
lité de la prétendue absolution de Henry de
Bourbon, à S.-Denis en France, le 25 Juil-
let 1593, pronocés en l'Eglise de S. Merry
à Paris, par Jean Boucher. *Paris, Gill. Chau-
diere.* 1594. *in-8. vél. rare.*

( Edition originale, impr. en gros caracteres. )

993 La Vie, mœurs & déportemens de Henry
Béarnois, soi-disant Roi de Navarre, où les
Catholiques pourront découvrir quelles son
les hypocrisies de celui qui les voudroit do-
miner, & envahir la Couronne à Charles
Cardinal de Bourbon, Roi de France ; &
autres pieces concernant la prise des villes
d'Issoire, de Iametz, de Gournay, Monte-
reau, de la Fere, &c. *Paris*, 1589. *in-8.*

994 Oraison funèbre sur le trépas de Henry IV.
par de Provaucheres. *Sens*, 1608. *in-8.*

995 Discours merveilleux de la vie, actions,
& déportements de Catherine de Médicis,
par Henry Etienne. 1575. *in-8.* M. R.

996 Eloges & discours sur la triomphante réception du Roi en sa ville de Paris, après la
réduction de la Rochelle, accompagnez de figures, arcs de triomphe & autres préparatifs.
*Paris*, 1629. *in-fol.* V. M.

997 Histoire de la vie de M. Michel de Marillac, par Nic. le Fevre, sieur de Lezeau. *in-4.*
*Manuscrit.*

998 Le Cardinal Mazarin, joué par un Flamand

= Les secrets des Jésuites. = Rome pleurante.
Le Calvaire prophané , ou le Mont-Valérien
usurpé par les Jacobins. *Colog.* 1671. *in-12.*
999 Mémoires de Mad. la Duchesse de Mazarin.
*Colog. in-12.* —

1000 Recueil de pieces sur l'hist. de France , le
pressoir des éponges du Roi. = Le Flux dissen-
térique des bourses financieres , ou la dissente-
rie des Financiers. = Le *Salve Regina* des Financiers. = Sommaire du Procès du sieur de
Beaumarchais , Trésorier de l'Epargne , & autres pieces sur la Finance. 1624. *in-8. parch.* —

1001 Les Héros de la Ligue , ou la Procession
Monachale pour la convertion des Protestans
de France , dont les personnages sont représentés par des fig. grav. en taille-douce & en maniere noire. *in 4.* —

1002 L'Entrée triomphante de leurs Majestés Louis
XIV. & Marie Thérese d'Autriche son épouse
dans la ville de Paris. *Paris ,* 1662. *gr. in-fol.*
*fig. grav. par J. Marot.*

1003 Descriptions de Fêtes données pour entrées
en différentes villes , & feux d'artifice. *5 vol.*
*in-fol. & in-4.* —

1004 L'Apothiquaire de Village , sa lettre au
Procureur de la Comm. des Apothiquaires d'Angers , au sujet du Procès d'entr'eux & le Corps
des Marchands pour leur rang en la procession
du Sacre en 1667 , avec son discours philosophique sur cette lettre ; Ouvrage sçavant &
curieux , copié sur un Manuscrit , par Henry
de la Guerre , en 1738. *in-8. V.* —

1005 Explication d'un tableau énigmatique , que
les Ecoliers Orientaux , élevés dans le Collége
des Jésuites , par la libéralité du Roi , ont fait

peindre pour donner une marque publique
de leurs très-humbles reconnoiffances envers fa
Majefté. *in-4. avec le deffin du Tableau.* M. R.

1006 Ameublement du Roi pour fon grand appartement de Verfailles. *MSS. fur vélin. in-8.* M. R.

## HISTOIRE DES PROVINCES ET VILLES DE FRANCE.

1007 Hiftoire du Mont-Valérien, par le Royer.
*Paris, 1658. in-12.*

1008 Defcriptions, plans & figures des XIV.
Forêts royales de la Généralité de Rouen ; le
tout fait de l'ordonnance de M. Jean-Bapt.
Voifin, Confeiller du Roi, par Pier. de la
Vigne. 1665. *MSS. fur vélin, avec les cartes
enlum. gr. in-fol.* M. R.

1009 Les Plans & figures géométriques des Forêts royales du département de Touraine,
Anjou, & Maine, avec leurs divifions par
Gardes & principaux triages, leurs confronta-
tions externes, & la marque des bornes qui y
ont été appofées. Enfemble, l'état général
des Maîtrifes dudit département, & les tables particulieres de la confiftance de chacune
defdites Maîtrifes, avec un état fommaire de
l'utilité de la réformation. *MSS. fur vélin, écrit
par Damoifelet, en 1669. avec les plans defdites
forêts, levés par Jacq. le Loyer, gr. in-fol.*
M. R.

1010 Cinquante-deux Plans des forêts qui fe
trouvent dans le Royaume de France. *deffinés
& coloriés, in fol.*

1011 Defcription des réjouiffances faites dans la
ville de Rennes, pour la naiffance de Louis

de France, Duc de Bretagne , arriere petit-
fils de Louis-le-Grand , & la cérémonie de ſes
funérailles, enſemble l'entrée & le couron-
nement de François III. *MSS. avec pluſieurs
deſſins à l'encre de la Chine, ainſi que des miniatures & des lettres majuſcules en couleur &
en or. in-fol.* M. R. dent. d'or.

1012 Mémoires de l'Académie des Sciences , éta-
blie à Troyes en Champagne , par M. Groſley.
*Troyes ,* 1756. 2 *vol in-*12. Br. ——— 4 . 10

1013 Hiſtoire de la ville de Melun , par Séb. Rouil-
lard. *Paris ,* 1627. *in-*4. ——— 4 - 16

1014 Les Antiquités de la ville & du Duché d'Eſtampes , avec l'hiſt. de l'Abbaye de Morigny ,
par Fleureau. *Paris ,* 1683. *in-*4. ——— 18 - 4

1015 Mémoires de la ville de Dourdan , par Jacq.
de Leſcornay. *Paris,* 1624. *in-*8. ——— 1 - 10

1016 Les Magnificences des honneurs funèbres
faites par les PP. Jéſuites de Clermont , après
le décès de M. le Card. de la Rochefoucault ,
en 1645. *MSS. avec des figures à la plume ,
par M. Hubert, in-fol.* V. F. ——— 36 - 2

1017 Fondation faicte par Meſſeigneur & Dame , les Duc & Ducheſſe de Nivernois &
de Réthelois , pour marier par chacun an à
perpétuité , en leurs Terres & Seigneuries ,
juſques au nombre de ſoixante pauvres filles.
1588. *in* 4. *parch.* ——— 1 - 18

1018 Défenſe des Privilèges de St. Martin de
Tours. *Paris ,* 1708. *in-fol.* ⎫
1019 Hiſtoire Généalogique de la Maiſon de Sur- ⎬ 3 - ..
geres en Poitou , par L. Vialart. *Paris ,* 1717. ⎭
*in-fol. en feuil.*

1020 Armorial des Etats de Languedoc , par
Gaſtelier de la Tour. *Paris ,* 1767. *in-*4. *fig.* Br. 2 - 12

1021 Lettre à M. Barillon, contenant la relation
& la description des travaux qui se font en Languedoc, pour la communication des deux mers,
par de Froidour. *Toulouse*, 1672. *in-8. fig.*

1022 Histoire de la ville de Beaune, & de ses
antiquités, par l'Ab. Gandelot. *Dijon*, 1772.
*in-4. br.*

1023 Recherches de l'antiquité de la ville de
Château-Landon. *Paris*, 1662. *in-8. parch.*

1024 Le Catalogue des antiques érections des villes
& cités, fleuves & fontaines, par Gil. Corrozet.
*Lyon*, *Fr. le Juste*, *sans date.*

# HISTOIRE D'ESPAGNE, D'ALLEMAGNE,
# DE HOLLANDE, DES PAYS-BAS, &c.

1025 Sucession de el Rey nuestro segnor D. Phelipe V. en la Corona de Espagna, y su viage
desde Versalles à Madrid, lo escribio de su real
orden Don Antonio de Ubilla y Medina, Mar-
quès de Ribas. *en Madrid*, 1704. *in-fol* M. R.

1026 Les Actions héroïques & plaisantes de l'Empereur Charles V. enrichies de figures. *Colog.*
1683. *in-12.*

1027 Mémoires de la Cour d'Espagne, par
Mad. d'Aulnoy *La Haye*, 1691. *in-12.*

1028 Relation historique de la venue de l'Empereur Charles-Quint du nom, en France, &
de la réception qui lui fut faite par le Roi
François I. *MSS. sur vélin, avec une miniature à la tête du vol. in-4.* M. R. dent. d'or.

1029 Pompe funèbre du Prince Albert, Archiduc d'Autriche, représentée au naturel en
tailles - douces, dessinées par Francquart

& grav. par Corn. Galle , avec une differtation
d'Eryce Pateanus. *Brux.* 1729. *in-fol.*

1030 Hiftoire métallique de la République d'Hollande , par Bizot. *Paris ,* 1687. *in-fol.* — 3 — 15

1031 Les marques d'honneur de la Maifon de
Taffis. *Anvers ,* 1645. *in-fol. fig.* — 3 — 1

1032 Le Miroir de la cruelle & horrible tyrannie
Efpagnole perpetrée au Pays-Bas , par le Duc
d'Albe , & celle perpétrée aux Indes Occi-
dentales , mife en lumiere par Bartholome
de las Cafas. *Amft.* 1620. *in-4. fig.* M. *bl.*
*dent. d'or.* — 48 — ..

1033 Combat à la Barriete , faict en Cour de
Lorraine , en l'année 1627. avec des figures
de Callot. *Nancy ,* 1627. *in-4.* — 9 — ..

1034 Statuts & Priviléges de la Nobleffe de la
Baffe-Alface. *Strasb.* 1713. *in-fol.* — 3 — 1

1035 Defcription de tous les Cantons, Villes ,
Bourgs & Villages de la Suiffe. *Paris ,* 1635.
*in-4. obl.* .. 4 — 10

# HISTOIRE D'ANGLETERRE , DES PAYS
# SEPTENTRIONAUX , &c.

1036 Les Statuts de l'Ordre de la Jatretiere ,
inftitué par Edouard III. en 1345. *MSS. en*
*Anglois , fur vélin, in-4.* V. F. — 27 — ..

1037 Les Ordonnances de l'Ordre de la Toifon.
d'or. *impr. fur vélin, in-4. vél.* — 7 1 — 19

1038 Relation d'un François, témoin oculaire de
tout ce qui s'eft paffé en Angleterre, l'an 1399,
au fujet de la dépofition de Richard II. Roi
d'Angleterre , & de l'ufurpation de Henry ,
Duc de Lancaftre , qui prit le nom de Henry
IV. Cette Relation eft divifée en III. parties. 46 — 19

dont la I<sup>ere</sup>. & la III<sup>e</sup>. font en vers. *MSS. fur vélin, en lettres Goth. avec une miniature in-4. rel. en velours cramoify.*

1039 La Religion ancienne & moderne des Mofcovites. *Colog.* 1705. *in-12. fig.*

1040 De Origine, Profapia & Genealogia Mahometis, Iconibus per J. Th. & J. Ifraëlem de Bry fratres. 1597. *in-4. parch.*

1041 Hiftoire de la décadence de l'Empire Grec, & établiffement de celui des Turcs, par Chalcondile, trad. par B. de Vigenere, & continuée par Mezeray. *Paris,* 1662. 2 *vol. in-fol. fig. Gr. P. M. R. lav. regl.*

1142 Mœurs des Sauvages Amériquains par le P. Lafitau. *Paris,* 1726. 2. *vol. in-4. fig. V. F.*

1043 Ambaffades des Provinces-Unies, vers l'Empereur du Japon. *Amft.* 1680. *in-fol. fig. M. R.*

1044 La Chine illuftrée, par Kirchere, avec un Dict. Chinois, trad. par Dalquié. *Amft.* 1670. *in-fol. fig.*

1045 L'Ambaffade de la Compagnie Orientale des Provinces-Unies vers l'Empereur de la Chine, recueilli par J. Nieuhoff, & mis en Franç. par J. le Carpentier. *Leyde,* 1665. *in-fol. fig.*

1046 Hiftoire de la Laponie, trad. du Lat. de Scheffer. *Paris,* 1678. *in-4. fig.*

1047 Les Beautés de la Perfe, avec une relation de quelques aventures de L. M. Pilotte Real des Galeres de France. *Paris,* 1673. *in-4. fig. V.*

# HISTOIRE GÉNÉALOGIQUE

## ET HÉRALDIQUE.

1048 Pogius Florentinus in librum de nobilitate. *Codex MSS. in membranis, in-8. M. R.* —

1049 Le Blason des couleurs en armes, livrées & devises. *Paris, 1582. in-8. fig.* —

1050 Giuoco d'Arme dei sovrani, è degli stati d'Eutopa, per apprender l'arme, la Geografia, e la Storia loro curiosa, di C. Oronce Fine dito di Brianville. *in Napoli, 1692. in-16.*

1051 Le Blason des armes, avec les armes des Princes & Seigneurs de France. *Paris, Phelipe le Noir, sans date.* ═ Le Blason des couleurs en armes, livrées & devises. *Paris, sans date.* ═ Le Chapelet de vertus, avec les dictz des Saiges. *Caen, Pier. Regnauld, sans date. in-8.*

1052 Le Blason des célestes & très-Chrétiennes armes de France, contenant le devis des trois fleurs de Sapience, par Jacques de la Mothe. *Rouen, 1549. in-16.*

1053 Mémoires sur l'ancienne Chevalerie, par de Sainte Palaye. *Paris, 1759. 2 vol. in-12. Br.*

1054 Histoire Généalog. des Rois de France, depuis la création du monde, jusqu'à Louis XIII. par Jacques de Charron. *Paris, 1630. in-8. M. R.* —

1055 Généalogies des Rois de France, déploration de feu Franç. de Valoys, épitaphe de plusieurs personnes ; déploration de François de la Tremoille ; le Chapelet des Princes ; les Angoises d'amours ; remedes d'amours ; Patron pour les filles qui veulent apprendre à escripre, par Jehan Bouchet. *Poictiers*, 1545. *in-fol.*

1056 Généalogie de la Maison de Mailly, suivi du Pennon de la branche aînée. *Paris*, 1757. *in-4. M. V.*

1057 Arbre Généalogique de l'origine de la Maison de Foix. *MSS. sur vélin, avec miniature, monté sur une gorge de bois.*

## ANTIQUITÉS.

1058 Recueil d'Antiquités Egyptiennes, Etrusques, Grecques & Romaines, par M. le Comte de Caylus. *Paris*, 1752. 7 *vol. in-4. fig. M. C.*

1059 Recueil d'Antiquités dans les Gaules, Ouvrage qui peut servir de suite aux antiquités de feu M. le C. de Caylus, par M. de la Sauvagere. *Paris*, 1770. *in-4. fig. en feuil.*

1060 Observations de plusieurs singularités, & choses mémorables, trouvées en Grece, Asie, Judée, Egypte, Arabie, &c. par P. Belon, *Paris*, 1588. *in* 4. *fig.*

1061 Explication de divers Monumens singuliers qui ont rapport à la religion des plus anciens peuples, & un traité sur l'Astrologie judiciaire. *Paris*, 1739. *in-4. fig.*

1062 Le Reveil de Chyndonax, Prince des Vacies, Druydes, Celtiques, Dijonois, avec la saincteté, religion, & diversité des cérémonies observées aux anciennes sépultures, par J. G. D. M. D. *Dijon*, 1622. *in-4 fig. parch.*

1063 Discours de la religion des anciens Romains, de la Castramétation & discipline militaire

des Grecs & des Romains , par du Choul.
*Lyon*, 1567. *in-4. fig.*

1064 Funerali Antichi di diverſi Popoli, e na-
tioni , da Thomaſo Porcacchi. *in Venet.*
1574. *in-4.* — 2 — 8

1065 La forêt nuptiale , où eſt repréſentée une
variété bigarrée , non moins eſmerveillable que
plaiſante , de divers mariages , ſelon qu'ils ſont
obſervez & pratiquez par pluſieurs peuples.
*Paris*, 1600. *in-12. parch.* — 3 — ..

1066 Le Grand Cabinet Romain , avec les
explications de Michel-Ange de la Chauſſe.
*in-fol. fig.* — 13 _ 4

1067 Delle Statue di Gio. And. Borboni. *in
Roma* , 1661. *in fol. fig.* M. R. — 2 — ..

1068 Hiſt. des Veſtales , avec un traité du luxe
des Dames Romaines, par l'Ab. Nadal. *Paris*,
1725. *in-12.* — 4 — ..

1069 Des Sibylles célèbres , tant par l'antiquité
Payenne que par les SS. Peres , par Blondel.
*Charenton* , 1649. *in 4.* — 2 - 11

1070 Oct. Ferrarii diſſertatio de Pantomimis &
mimis. *Wolffenb.* 1714. *in-8.* — 1 - 10

1071 Mondo Symbolico , dell' Abbate D. Fi-
lippo Picinelli. *Venetia*, 1678. *in-fol. fig.*

1072 Abr. Gorlæi Dactyliothecæ , ſeu annulo-
rum ſigillarium , cum explicationibus Jac. Gro-
novii. = Marbodæi Galli Poëtæ vetuſti carmen
de Gemmis ſive lapidibus pretioſis. *Lug. Bat.*
1695. *in-4. vél.* 10 — 19

1073 Recueil de Pierres gravées antiques , recueillies par M. Mariette. *Paris*, 1732. 2 *vol.*
*in-4.* M. C. — 29 — ..

1074 Diſſertations du P. Chamillart , ſur pluſieurs
— 4 - 4

médailles & pierres gravées de son cabinet ;
&c. *Paris*, 1711. *in-4. fig.*

2 — 8    1075 Differtation fur une médaille finguliere
d'Alexandre le Grand, par de Vallemont,
avec la réponfe de Baudelot. *Paris*, 1703 &
1706. *2 vol. in-12. M. R.*

2 — "    1076 Hiftoire Métallique de l'Europe, ou Catalogue des Médailles modernes qui compofent
le Cabinet de feu M. Poulhariés. *Lyon*, 1767.
*in-8.*

3 — 2    1077 Fulvii Urfini Imagines virorum illuftrium,
ex antiquis numifmatibus & gemmis expreffæ.
*Romæ*, 1570. *in-fol.*

## HISTOIRE LITTÉRAIRE.

6 — 1    1078 Les Mémoires & Hiftoire de l'origine,
invention & Autheurs des chofes, trad. du Latin de Polydore Vergile, par Fr. de Belle-
forêt. *Paris*, 1576. *2 vol. in-8. V. F.*

3 — "    1079 Les Evénemens finguliers de M. de Belley.
*Paris*, 1660. *in-8.*

3 — 10    1080 Confidérations civiles, fur plufieurs &
diverfes hiftoires, tant anciennes que modernes, par Gab. Chappuys. *Paris*, 1585. *in-8.*
*M. R.*

682 — "    1081 Les Œuvres de Valere Maxime, tranflatées du Latin en François, par Simon de
Hefdin, & Nicolas de Goneffe. *MSS. fur
vélin, achevé l'an* 1401, *& décoré de miniatures bien confervées*, *2 vol. in-fol.* Gr. Pap.
*M. bl.*

## BIBLIOGRAPHIE ou CATALOGUES
## DE LIVRES.

1082 Bibliotheca Thuana. *Parif.* 1679. 2 *vol.* *in*-8.

1083 Bibliotheca Baluziana. *Parif.* 1719. 3 *vol.* *in*-12.

1084 Bibliotheca Hohendorfiana. *La Haye*, 1720. *in*-8.

1085 Bibliotheca Fayana. *Parif.* 1725. *in*-8. *avec les prix.*

1086 Catalogus Librorum D. Nic. Bachelier. *Parif.* 1725. *in*-4.

1087 Catalogue de la Bibliotheque du Card. Dubois. *La Haye*, 1725. 4 *vol. in*-8. B.

1088 Bibliotheca Hulfiana. *Hagæ-Comitum*, 1730. 5 *vol. in*-8. *vél.*

1089 Catalogus Librorum, ill. viri D. J. Bapt. Dodart. *Parif.* 1731. *in* 8.

1090 Catalogue des Livres de Mad. la Comteffe de Verruë. *Paris*, 1737. *in*-8. *avec les prix.* Br.

1091 Catalogus Librorum Bibliothecæ illuft. viri Comitis de Hoym. *Parif.* 1738. *in*-8. *avec les prix.*

1092 Catalogue des Livres du Maréc. Duc d'Eftrées. *Paris*, 1740. 2 *vol. in*-8. Br.

1093 Catalogue des Livres de M. Bellanger. *Paris*, 1740. *in*-8. *avec les prix.*

1094 Catalogue des Livres de M. Charoft. *Paris*, 1742. *in*-8.

1095 Catalogue des Livres de M. Barré. *Paris*, 1743. 2 *tom.* 1 *vol. in*-8. *avec les prix.*

1096 Catalogue des Livres de M. Danty d'Iſ-
nard. *Paris*, 1744. *in-*12. *avec les prix.*

1097 Catalogue des Livres de M. l'Ab. de Ro-
thelin. *Paris*, 1746. *in-*8. *avec les prix.*

1098 Catalogue des Livres de M. le Comte
de Pont-Chartrain. *Paris*, 1747. *in-*8. Br.

1099 Catalogue des Livres de M. le Préſ. de
Rieux. *Paris*, 1747. *in* 8.

1100 Catalogue des Livres de M. Burette. *Paris*,
1748. 3 *vol.* *in-*12. *avec les prix.*

1101 Catalogue des Livres de M. Gluc de S. Port.
*Paris*, 1749. *in-*8. Br.

1102 Catalogue des Livres de M. Crozat de
Tugny. *Paris*, 1751. *in-*8.

1103 Catalogue des Livres de M. Giraud de
Moucy. *Paris*, 1753. *in-*8.

1104 Catalogue des Livres de M. de Boze.
*Paris*, 1753. *in-*8. *avec les prix.*

1105 Catalogue des Livres provenans de la Bibliotheque de M. de Boze. *Paris*, 1754.
*in-*8. *avec les prix.*

1106 Catalogue des Livres de M. de la Haye.
1754. *in-*8. Br.

1107 Catalogue des Livres, Eſtampes, & des
curioſités naturelles, contenues dans le Cabinet
de M. Geoffroy. *Paris*, 1754. *in-*12. Br. *avec
les prix.*

1108 Catologue des Livres de M. Secouſſe.
*Paris*, 1755, *in-*8. B.

1109 Catalogue dee Livres de M. Girardot de
Préfond. *Paris*, 1757. *in-*8. *avec les prix.*

1110 Catalogue des Livres de M. de Sardiere.
*Paris*, 1759. *in-*8.

1111 Catalogue des Livres de M. de Selle.
*Paris*, 1761. *in-*8. Br. *avec les prix.*

1112 Catalogue des Livres de M. de Selle. *Paris,*
1761. *in-8. avec les prix.* —————— 2 — 11

1113 Catalogues des Livres & des Manuscrits de
la Maison Professe, & du Collége de Clermont
des ci-devant soi-disans Jésuites. *Paris, 1763.*
*3 vol. in 8. Br.* —————— 8 — 15

1114 Catalogue des Livres de Mad. la Marq. de
Pompadour. *Paris, 1765. in-8. Br.* —————— 4 — "

1115 Bibliotheca Senicurtiana. *Parif. 1766. in-8.*
Br.

1116 Catalogue des Livres de M. de Saint Albin,
Arch. de Cambray. 1766. *in-8. Br.* } 2 — 8

1117 Catalogue des Doubles, provenans de la
Bibliotheque de M. le Duc de la Valliere.
*Paris, 1767. 2 vol. in-8. Br.* —————— 6 — 6

1118 Catalogue des Livres de M. Gaignat, disposé par G. F. Debure le jeune. *Paris, 1769.*
*2. vol. in-8. avec les prix.* —————— 18 — 15

1119 Catalogue des Livres de M. Mutte. *Cambray.*
1775. *in-8. Br.*

1120 Catalogue des Livres de feu M. Randon
de Boisset. *Paris, 1777. in-12. Br.* } 3 — 16

1121 Six Catalogues *in-12.* des Bibliotheques de
MM. Giraud, Galloys, Bulteau, la Coste,
Boissier, & Colbert, 11 *vol.* —————— 1 — 10

1122 Trente-trois Catalogues *in-12.* dont celui de
M. de Caumartin. —————— 1 — 17

1123 Trente-six Catalogues, *in-8. & in-12.* dont
celui de M. Lancelot. —————— 2 — 9

1124 Trente-six Catalogues *in-8.* dont celui de
M. Dudoyer. —————— 1 — 16

1125 Trente-six Catalogues *in-8.* dont celui de
M. de Vence. —————— 3 — 6

1126 Cinquante Catalogues *in 8. idem.* dont celui
de Crosat, Baron de Thiers. —————— 2 — "

1127 Cinquante Catalogues *in-*8. *idem.* dont celui de Potier, Avocat.

1128 Cinquante Catalogues *in-*8. de différentes Bibliotheques, dont celui de le Pelletier des Forts.

## VIES DES HOMMES ILLUSTRES.

1129 Le Livre de Jehan Boccace, des nobles malheureux. *Paris*, 1538. *in-fol. Goth.* Lav. *Regl.*

1130 Le Livre de Jehan Boccace, de la louenge & vertus des nobles & clercs Dames, translaté. *Paris*, *Ant. Vérard*, 1493. *pet. in-fol. Goth. fig. en bois.*

1131 Philostrate de la vie d'Apollonius, trad. par B. de Vigenere, avec les Comment. d'Artus Thomas. *Paris*, 1611. *in-*4.

1132 Icones & Effigies virorum Doctorum. *Francof.* 1645. *in-*4.

1133 Les vies des plus célèbres & anciens Poëtes Provensaux qui ont floury du tems des Comtes de Provence. *Lyon*, 1575. *in-*8.

1134 La Prosopographie, ou Description des personnes insignes, par Ant. du Verdier. *Lyon* 1573. *in-*4. *parch.*

1135 La Vie de M. Queriolet. *Lyon*, 1690. *in-*12.

1136 Monumenta illustrium virorum & elogia. *Trajecti ad Rhenum*, 1671. *in-fol.*

1137 Les vrais portraits des hommes illustrés en piété & doctrine, du travail desquels Dieu s'est servi en ces derniers temps pour remettre sus la vraye religion en divers pays de

chrétienté , trad. du Lat. de Th. de Beze. 1581.
*in-4. M. R.*

1138 Propos mémorables des nobles & illuftres
hommes de la chrétienté , aug. de pluf. gra-
ves & excellentes fentences des Anciens, Hé-
breux , Grecs & Latins. *Paris* , 1578. *in-16.*   3 — 18

1139 Hiftoria mulierum Philofopharum , fcrip-
tore Ægido Menagio. *Lugd.* 1690. *in-12.*

1140 Joan. Boccatius de claris mulieribus. *Bernæ*
1539. *in-fol. fig.*   2

1141 La Gallerie des Femmes fortes , par Pier.
le Moine. *Paris* , 1647. *in fol. fig.* ——   10 — 4

## EXTRAITS HISTORIQUES.

1142 Hiftoires prodigieufes , extraites de plufieurs Auteurs , & rédigées en François. *Paris*,
1598. 6 *tom. en* 2 *vol. in-16. M. Bl. dent. d'or* —   9 — 1

1143 Hiftoires tragiques de notre temps , par
Lazare. *Rouen* , 1651. *in-8. parch.* ——   1

1144 Les Hiftoires tragiques de notre temps ,
par Fr. de Roffet. *Rouen* , 1700. *in-8.*

1145 Choix de plufieurs hiftoires , & autres
chofes mémorables, tant anciennes que modernes. *Paris* , 1608. *in-8.* ——   4   6

1146 Gémelles ou Pareilles , recueillies de divers Auteurs , tant Grecs , Latins , que François , par Pier. de St. Julien. *Lyon* , *Ch.*
Pefnot. 1584. *in-8. parch.* ——   8 — 1

( *Bien confervé.* Voy. le Cat. de M. de Gaignat,
Nº. 3539. )

1147 Les diverfes leçons d'Antoine du Verdier,
fuivant celles de Pier. Meffie. *Tournon* , 1604.
3 *vol. in-8. M. R.* ——   7 — 10

3 — 2   1148 Les diverfes leçons de Loys Guyon, Dolois, fieur de la Nauche, fuivant celles de Pier. Meffie. *Lyon*, 1610. *in-*8. *M. V.*

3 — 2   1149 L'Antiquíté des Larrons, Ouvrage non moins curieux que délectable, trad. de l'Efp. de D. Gracia, par Daudiguier. *Paris*, 1621. *in-*8. *parch.*

4 — 19   1150 Hiftoire générale des Larrons, par F. D. C. *Rouen*, 1657. *in* 8. *vél.*

2 — 19   1151 Hift. de la Vie & du Procès de L. D. Cartouche, avec celle de Nivet, dit Fanfaron. *Rouen*, 1722. *in-*12.

## LIVRES EN LANGUES ÉTRANGERES.

3 — 7   1152 Un Pfeautier Hébraïque, *impr. à Londres*, *in-*32.

12 — 10   1153 Un MSS. Chinois, fur la morale de Confucius. *in-*4.

4 — 11   1154 Recueil d'Alphabets des Orientaux, anciens & modernes. *in-fol.*

19 — 19   1155 Grammaire Turque, ou Méthode courte & facile pour appr. la langue Turque. *Conftantinople*, 1730. *in-*4. *les pages dans un cadre d'or.*

12 — ″   1156 Recueil de Firmans ou Ordonnances Turques, au nombre de xxv. données à Conftantinople, par l'Empereur Hakemet. *MSS. en lang. Turque, & en caractere*, DIVIANI. *Rouleau portant* 38 *pieds de haut fur* 8 *pouces* 9 *lignes de large.*

3 — 19   1157 Un Livre imprimé en langue Arabe. *in-*16.

16 — 4   1158 Un MSS. Siamois de 13 pouces de haut fur 20 pieds 3 pouces 6 lignes de long.

1159 Description Géographique de la Chine, *intitulée, Kuang yu ki,* impr. fous le regne de Kamp Ghi, Emper. de la Chine, au XVII. fiecle.  33 — „

( Confulter la Grammaire Chinoife, page 370 du Catalogue de la Bibliotheque du Roi, N°. XXXVI.)

1160 Deux Livres en caracteres Malabares. grav. fur des écorces d'arbre, avec le poinçon qui fert à écrire. *Ce poinçon eft d'une forme qui le rend propre à divers autres ouvrages.* — 24 — „

1161 Un petit Livre de Facéties Allemandes, *impr. fans date, avec* XLII. *fig. grotefques, grav. en bois.* — 3 — „

### Livres omis.

20* La Grand Nef des Folles, compofée fuivant les cinq fens de nature, felon l'Evangile de Monfigneur S. Matthieu, des cinq Vierges qui ne prindrent point d'huile avec elles pour mettre en leurs lampes, avec plufieurs aditions adjoutées par le tranflateur, œuvre non moins utile que récréative. *Lyon,* 1583. *in-4. fig.* V. F. — 42 — „

701* Recueil de cinquante jeux divers & d'honnefte entretien : fçavoir, le jeu d'amour, le jeu de l'époux & de l'époufe, le jeu de l'amant & de l'amante ; le tout induftrieufement inventé, par Innoc. Ringhieri, trad. de l'Ital. en François par Hubert Philipp. de Villiers. *Lyon,* 1555. *in-4.* — 13 — 1

### F I N.

*Lu & Approuvé ce préfent Catalogue, ce* 12 *Janv.* 1780. GOGUÉ *Adjoint.*

De l'Imprimerie de P. F. GUEFFIER, au bas de la rue de la Harpe.

# TABLE
## ALPHABÉTIQUE
### DES NOMS
### DES AUTEURS.

*Et des Ouvrages sans nom d'Auteur, contenus dans le Catalogue de M. PICARD.*

## A


Abano, *P.* Traité des Venins, 374.

L'Abbé en Belle-Humeur, 664.

Ablancourt, ses Dialogues, 907.

Accouſtrements des Chrét. ( Traité des ). 77

Adam, ( Maître ) ses Chevilles, 562. Le Vilebrequin, 563.

Adamiſte, ou le Jéſuite inſenſible, 179. *R.*

Adieu du Plaideur à ſon argent, 711.

Agnelli, *Cof.* Amore vole aviſo alle Donne, 238.

Agoſtino, *Fr.* Theatro delle Donne, 841.

Agrippa, *Henr. Corn.* de la noblef. du Sexe feminin, 210. Abus des Sciences, 254. De Nobilitate fœminei, 817. Trad. Franç. 818.

Albert, *L. Bapt.* la Deiphire, 672. l'Hécatomphile, 848.

Alberti Magni, Muliere forti, 19. 20.

Alciat, *And.* Emblêmes, 882.

d'Aletez, ( Hiſtoire de Don Ranucio, 636.

Alethæus, *Théoph.* Diſcurſus de Polygamiâ, 158. *V.* Lyſerus, *Joan.*

Allæus, *Fr.* Aſtrol. nov. methodus. 421.

Alouette, avec ſon tirelire, ( La Pieuſe ) 101.

Alphabeta & Caracteres, 448,

Alphabet de l'Aſtrolog. MSS. 422. Orientaux, 1154.


A

*d*'Alveto , (*Mario Equicola*) de la nature d'Amour, 217.

Amant ( l' ) de Bonne-foi, 609. Oifif, 694. Dépourvu d'efprit , 716.

Ambaffades des Holl. au Japon , 1043. A la Chine, 1045.

*d*'Amboyfe, *Mich.* Le Ris de Démocrite , 212. Le Secret d'Amour , 557.

Ameublement du Roi, MSS. 1006.

Amico , *Bern.* Trattato de edifizi di Terra-Santa , 474.

Amours de Cupidon , 616. d'Abélard , 618. de Gonzague, 624 Les forces d', 630. Max. d'. ═ Divifé. ═ Logicien , 630. Magot , 667. de Dupon , & de Guimbarde , 711.

Amyraut , Traité des Religions , 128.

Ancillon , *Char.* Traité des Eunuq. 376.

Anecdotes Jéfuitiques , 187. Eccléf. 926.

Angenouft. Paranymphe des Dames , 845.

Anges , ( Sœur Jeanne des ) fa guérifon miraculeufe , 264.

Angoyfes & remedes d'amours , ( les ) 544.

Anfart. , Voyage de Philotecte , 623.

Antiquité de Château-Landon , 1023.

Anti-thèfe des faits de J. C. & du Pape , 142.

Antologia Gnomica , 507.

Antonius de Arena , Poëm. Macaronica de Bragardif. villâ de Soleriis , 522.

Aomayron , Hift. du fiége des Mufes , 897.

Apitius , ( *Cœlius* ) de re Culinariâ , 315.

Apocalypfis Hærefiarcharum , 959.

Apologie de la Conftance: 630 , 839. des Dames, 865.

Apotéofe du Dict. de l'Acad. 499. Du beau Sexe, 865.

*l*'Apothiquaire de Village , MSS. 1004.

Apulée, *L.* l'Afne d'or, 702.

Apuley , liber de notâ afpirationis , &c. MSS, 496.

Arbre Généal. de la Maifon de Foix , MSS. 1057.

Arcandam , des Prédictions d'Aftrolog. 420.

*d*'Arcuffia , *Char.* La Fauconnerie de , 482.

Aretin , *Léonard* , Le Livre des deux Amans , 585.

Aretino , *Pietro* , Coloquio de las Damas , 842.

Argumenta fingul. Capitum , 13.

*d*'Ariftipe, ( Entretien gal. ) 816.

Ariftophile : Traité de la liberté du Sexe , 837.

Ariftote , le Secret des Secrets , 210. Secreta Secretorum , M SS. 342.

l'Armure de patience, 89.

Arnauld, *P.* Philofophie naturelle, 392.

l'Art de rajeunir, 346. de plumer la Poule, 660. de voler fans aîles, 661, 662. de Peter, 756. de faire l'amour, 761. de bien aimer, 762. de rendre les Fem. fidelles, 788.

Artemidorius Daldianus, Oneirocritica, 414.

Artephius, Philofophie naturelle, 392.

l'Aftrologue amoureux, 629.

Aftrophile le Roupieux, Grandes Pronoftications, 711.

Atlas génér. du monde, exécuté par Martinès, 914.

Aubefpin, (le P.) Indulgences du Cordon de S. Franç. 63.

d'Aubry, *Jean.* Le Firmament de la Vérité, 144.

d'Aulnoy, (Jumel de Berneville) *Mar. Cath.* Mém. de la Cour d'Efp. 1027.

Aventure du Courtifan grotefque, 711.

Avantages du Sexe, (les) 820.

d'Aviano, *Marc.* La Marmite rétablie, 180.

Avis fur la nudité de Gorge, 814.

Ayrault, Procès faicts aux Cadavres, 202.

B

Baccius Elpidianus, *And.* de Venenis, 372.

Bachon, *R.* Puiffance de l'Art & de la Nature, 395.

Bacon, *Fr.* Hift. des Vents, 292.

Baguette, (Illufion des Philof. fur la) 273.

Baker, *Henr.* du Polype, 316.

Balefdens, *Joan.* 214.

Balinghem, *Ant.* Propos de Table, 76.

Banny de Lyeffe, fes Vifions fantaftiques, 557.

*la* Banque du Pape, 161. *R.*

Banquet des Chambrieres, 716.

Barbarus, *Franç.* de re Uxoria, 198 & 774. de l'état du Mariage, 228.

Barclay, *Jean,* Argenis, 605.

Bartholinus, *Th.* de Unicornu, 311. de Ufu Flagrorum, 348.

Batailles de Rodilardus & Croacus, 510.

Bartolome de las Cafas, Miroir de la Tyrannie Efpagnole, 1032.

Baudelot, Réponfe à la Differt. fur une Médail. 1075.

Baudoin, *J.* Hift. des Vents, 292. Mytolog. 597. Trad. des Amours de Clitophon, 602. Trad. de la Métamorph. du Vertueux, 734. Trad. de l'Icon. de Ripa , 873. Emblêmes , 880. Les Stes. Métamorph. 952.

Bavent , ( Hiſt. de Madelaine ) 267.

Bauhin , *Joan.* des Animaux ayant aîles , 313.

Bauhinus , *Gaſp.* de Hermaphrod. 378.

*le* Bé , *Pier.* Béle Prérie , 455.

Beauchamps , Amours de Rhodante , 604.

*de* Beaugrand , Pœcilographie , 451.

*de* Beaujoyeulx , *Balt.* Balet Comiq. 441.

*les* Beautés de la Perſe , 1047.

Beauvoys de Chauvincourt , de la Tranſmut. des Hom. en Loups , 258.

Beauxamis , *Th.* Hiſt. des Sectes , 964.

Bede , ſur les Proverb. de Salomon. MSS. 8.

*du* Begue , *Louiſe-Anne*, le Triomphe du beau Sexe , 790.

*de* Belle-Forêt , *Fr.* de l'Origine & Invent. 1078.

*les* Belles Solitaires , 614

*de* Belleville , *Ph.* Hiſt. de Polimantes , 646.

*de* Belley , Evénem. ſingul. 1079.

Belon , *P.* Obſervations , 1060.

Belot , Curé de Mil-Monts , ( Œuv. de *Jean* ) 405.

Bembo , *Pier.* les Azolains. 759.

Bemechobi , ( Liber ) continens Prophetias & Revelat. 90.

Benantius , Abus des Apothicaires , 389.

Benoît , *Fr.* le Chevalier Chrétien , 94.

Bergier , *Nic.* Le Point-du-Jour , 417.

Bernard , ( le R. P. ) Le Fouet des Jureurs , 78.

Berni , *Franceſco.* la Caccia d'Amore , 594.

Bernier , *J.* Le Rabelais réformé , 650. Jugement ſur la Vie & les Œuvres de Rabelais , 651.

Berthod , Paris burleſque, 723.

Beroalde de Verville , *Fr.* Trad. du Songe de Poliphile , 684.

Beze , *Théod.* Hiſtoire de la Mappemonde Papiſtique , 131.

Bible , ( la Ste. ) 6. Quadrains hiſt. 18.

Biblia Sacra , MSS. 1, 2, 3.

*de* Billon , *Fr.* le Fort inexpugnable de l'honn. du ſexe fémin. 231.

Billouart , ( Sermon de *St.*) 716.

Binet , ( le R. P. ) Médit. ſur la vie de la Ste. Vierge , 88. Le Riche ſauvé, 98. Faveurs du petit Jéſus , 108.

Bizot , *Pier.* Hiſt. Métalliq. 1030.

Blaſons des Chev. de la Table-Ronde, MSS. 639.

desArmes, 640. 1051. des Couleurs, 1049, 1051.

Blegny, *Nicol.* du Café, 354. Secrets concern. la Beauté, 370.

*le* Blond, *Jeh.* le Liv. de Police humaine, 246.

Blondel, *David*; des Sibylles céleb. 1069.

Blondel, *Fr.* Thermarum, 286.

Blyenburgy, *Damaf.* Hortus Amorum, 516.

Boayftuau, le Théâtre du Monde, 654.

Boccaccio, *Giov.* la Fiammetta amor. 674, 675. le Philoc. 676. le Songe 677. Amorofa visione, 679.

Boccace, *Jehan* des nobles malheureux, 1129. des Nobles & clercs Dames, 1130. de claris mulieribus, 1140.

Boccone, *Paolo.* Obferv. fur le Corail, 283. fur la nat. du Corail blanc & rouge, 284.

Bodin, *J.* Théâtre de la Nature, 154.

Boece, de la Confolation, MSS. 215.

Boet, *Luz.* Trad. du Traité des Venins, 374.

Boileau, ( l'Ab. ) Hift. des Flagellans, 960.

Boiffardus, *J. Jac.* Emblemata, 884.

Boitet, les Dionyfiaques, ou les Voy. de Bacchus, 511.

Bokelius, *Joh.* Tract. de Philtris, 269.

Bolla, *Barthol.* Poëmata ejus Macaronica, 522.

Bonaventure, ( S. ) Traité dit l'Arbre de la Croix, 99.

Bonfinius, *Ant.* de Pudicitiâ, 225.

Bonnet, *Ch.* Obfervations fur les Pucerons, 318.

Borboni, *Giov. And.* Delle Statute, 1067.

Bordelon, de l'Aftrolog. judiciaire, 427.

*la* Borderie, Opufcules d'Amour, 564.

Borromée, ( S. Charl. ) Traité contre les danfes, 77.

Boucher, *Jean,* Défenfe des Monts de-Piété, 206. Sermons de la fimulée converfion. 992.

Bouchet, *Guil.* fes Serées, 700.

Bouchet, *Jehan,* le Labyrinthe de fortune, 545. Jugement Poétique. 546. Le Triomphe de la noble & amoureufe Dame, 547. Epîtres morales, 548. Déploration de feu Franç. de Valoys, &c. 1055.

Bouhours, *Dominiq.* Maniere de bien penfer, 901. Entret. 901.

Bouillon, ( le R. P. *Fr.* ) Vie de S. Patrice, 953.

Boullay, le Tailleur fincere, 446.

Boulæfe, *Jeh.* Vict. de Dieu fur Beelzebud, 260.

Bourbœuil, ( le Bar. *de* )

Effroyable rencontre de IV. Esprits malins, 258.

Bourgeois, dite Bourcier, *Louise*, Obferv. fur les Accouch. 359.

Bouvet, Maniere pour découvrir toutes fortes de crimes, 203.

*de* Bouvignes, *Louis*. Miroir de la vanité des femmes mondaines, 809.

Boyle, *Rob.* Exercit. de origi. & virib. Gemmarum, 280.

Braillé, *P.* Ignorances des Médecins, 389.

Brandt, *Seb.* La Grant nef des fols du Monde, 521. Les Regnards traverf. les voyes périlleufes, 549.

Bredin le Cocu. Formulaire récréatif de Contrats, 715.

*le* Bremen, *Louis*, le Bouclier des Dames, 837.

Bretonnayau, *René*, la Générat. de l'hom. 274.

Breviaire des Dames, 108.

Breviarium Parif. MSS. 26. Francifcanorum, MSS. 27.

*de* Brianville, (Oronce fine) Giuoco d'Arme di fovrani, 1050.

Bringnarille, ( les Proueffes du Merveilleux ) 712.

Broffe, ( *Guy de la* ) Cat. des Plantes, 301.

Broffier, *Marthe*, Prétendu Démoniaque. 258.

Brown, *Th.* Religio Medici, 156.

Brozini, *Crift.* Della dègnita delle Donne, 825.

Bruhier, *Jacq. Jean* Obferv. fur les Accouch. 361.

*le* Brun, *Ant.* Trad. de la Differt. fur le Fœtus, 363.

*le* Brun, Dict. Fr. Lat. 498.

Brunetti, *C.* trad. ital. des Let. Provinciales, 74.

Bruni, *Domenico.* Difefe della Donne, 806.

Brufcambille, fes Fantaifies, 707 & 708.

Brutus, *Junius.* De la puiff. légitime du Prince, 247.

Bulle du Pape Benoît XII. pour la Réform. de l Ordre de Citeaux, MSS. 159.

*à* Burgundia, *Ant.* Mundi lapis Lydius, 888.

Burfati, *Luc.* La Vittoria delle Donne, 840.

Buygne, Gace de la ) fon Rom. des Oyfeaux & des Chiens, MSS. 531.

## C

Cabales des Domeftiques, 724.

Cabinet Jéfuitique, 177.

Cacouas, ( Mém. pour fervir à l'Hift. des ) 213.

Caillet, le Tableau du Mariage, 230.

Calib, Juif, fes Secrets d'Alchymie, 395.

Callier, *J.* de la Macreufe & de la Poud. de Sympath. 409*.

# DES AUTEURS.

**7**

Calmet, *Aug.* Traité hiftoriq. des Eaux, 288.

le Calvaire prophané, 998.

Calvin, le petit chien de l'Evangile, 119.

Capelloni, *Lorenzo*, Ragionamenti varii, 593

da Capugnano, *Jer Giov.* Difcorfo del parlare, 277.

Caquets de l'Accouchée. = Des Poiffonnieres, 711. des bonnes Chambrieres, 716.

Caractere d'une Fem. fans éducat. 233. des Femmes, 864.

Cardan, *Hier.* La Métopofcopie, 430.

Cardiner, *Bonav* Pfautier de N Dame, 49.

le Caron, *Lois*, La Clarté amoureufe, 906.

Carofo, *Fabr.* il Ballarino, 487.

le Carpentier, *J.* Trad. de l'Ambaf. à la Chine, 1045.

Cartes du Languedoc, 915.

Carthufiani, ( de Origine) Ordinis, 936.

Caftelin, *Georg*, Le Dictier contemplatif. Hymnes & Cantiq. Defcrip. Poétiq. MSS. 91.

Catalogues d'Hift. Naturelle. Tableaux, Eftampes, &c 320 à 338. De Livres, 1082 à 1128.

Catinal, le Chariot fpirirituel, 98.

Cattan, *Chrift.* Géomance, 428.

de Cavigiollesde Maffarie, *B.* Propriét duVinaigre, 352.

de Caylus, ( de Tubieres ) *Phil. Cl. Anne*, Antiquités, 1058.

Ceriziers, Etats d'innocence, 72.

Ceffoles, *Jacq.* le Livre du jeu des Echecs moralifé, MSS. 216.

Chambre des Comptes d'Innocent XI. 932.

de Changy, *Pier.* Inftitut. de la Femme Chrét. 69.

Chappelet, ( l'Hift. du ) 63. de Vertus, 1051.

Chappuys, *Gabr.* de la nat. d'amour, 217. Les Mondes céleftes, 656. Trad. des Amours de Luzman, 687. Confid. civiles, 1080.

Charas, *Moyfe*, fur la Vipere, 314.

Charles V. Actions Héroïq. de ) 1026.

Charpentier, ( les chofes mémorables de Socrate ) 209.

Charron, *Pier.* de la Sageffe, 219.

de Charron, *Jacq.* Généalog. des Rois de France, 1054 & 1055.

Chartier, *Alain*; fes Œuvres, 533.

de la Chauffe, *Michel-Ange.* le gr Cab Rom. 1066.

Chauffé, *Jacq.* Tr. de l'Excel. du Mariage, 782.

du Chefne, *And.* Fig. myftiq. du Cabinet des Dames , 107. Remarques fur les Œuvres d'Alain Chartier, 533.

*du* Chefne , *Jof.* Le Miroir Monde , 578.

*du* Chefne , Hift. des Fraifiers , 308.

Choix d'Hift. 1145.

*de* Cholieres , ( le fieur ) les Neuf Matinées , 697. La Guerre des Mâles cont. les Femel. 791.

Chouayne , *Forent* , Devifes & Emblêmes , 890.

Choul , *Joh.* Defcrip. montis Pilati , 310. Religion des Rom. 1063.

Chriftine , ( Dame ) le Tref. de la Cité des Dames, 232.

*de* Clarier, fieur de Longval , *Fr.* l'Hôpital des Fols , 657.

Clave , *Eft.* Traité des Pier. & Pierreries , 282.

Cléante , Apologie de la fcience des Dames , 856.

Clef des 150 Pf. pour l'intellig. des Clavicules de Salomon, MSS. 271. des Cœurs , 630. de la Langue des Ruelles , 796.

Cleyer , *And.* Med. Sinicæ, 341.

Cocaïe , *Merlin.* Hift. Macaronique , 523.

Cocus , ( Almanach des ) === Noċturne , 787.

Code de Cythère. === Lyrique , 765.

Colet, *Cl.* l'Oraifon de Mars, avec la Réponfe, 564.

Colletet , *Guill.* Trad. fi il

eft néceffaire que lesfilles foient fçavantes , 852.

Colletet , Traité des Lang. étrang. 305.

Collius , *Franç.* de Sanguine Chrifti , 60. de Animabus Paganorum, 118.

Colloques Chrétiens , 67.

Combat à la Barriere, faiċt en Cour de Lorraine , 1033.

*la* Comédie des Académiftes , 796.

Commelin, *Gafp.* Démonf. trat. plant. 298.

Commelinus , *Joan.* Rariorum Plantarum, 297.

Commémoration de la mort d'Anne de Bretagne, R. de Fr. MSS. 577.

Commentaire en vers fur l'Ecole de Salerne , par M. D. F. C. 347.

Commiers , Oracles des Sibylles , 489.

Complainte de Trop-tard Marié , 716.

*les* Comptes du Monde avantureux , 714.

Conciles, (Canons des) de Tolede, de Meaux , &c. fur fa Doċtr. de dépof. les Rois , 248.

Conformités des cérém. mod. avec les anc. 928.

Confréries des Saouls d'ouvrer , 716.

Connoiffances des part. du corps humain ; ce Livre eft appellé , *Thefaurus Pauperum.* MSS. 384.

Confolation

### DES AUTEURS.

Confolation des Naviguans, ou moyen de fe garantir de la faim, de la foif, &c. 401.

Confuetudines urbis Tholofæ, MSS. 197.

Contant, *Jacq.* & *Paul* (Les Œuvres de ) 388.

*de* Contreras, *Hier.* Amours de Luzman, 687.

Coqueluchons, ( Hift. critique. des ) 757.

Coquettes, ( la Politique des ) 630.

Coquillart, *Guill.* Ses Œuvres, 534.

Cordero, G. Trad. en Efpag. des Let. Provinciales, 74.

Corrozet, *Gil.* Antiq. des Villes, 1024.

Cortefi, *Francefco.* La Venetia edificata, 595.

*de* Corval, fes Satyres, 740.

Corval-Sonnet, fes Satyres, 777 & 778.

Cofto, *Tomafo.* Le Otto Giornate del Fugilozzio, 701.

Cottiere, Brieve defcription de l'Eglife Rom. 121.

Coup-d'œil Anglois fur le Mariage, 773.

Court, ( le Mépris de la) avec la vie ruftiq. 224.

*la* Courtifanne déchiffrée, 850.

Courvoifier, ( *le* R. P. J. J.) le Lys divin, 97. Extafes de la belle Malceda, 106.

Couftau, ( le Pegme de *Pier.* ) 889.

Couftumas de Brean, 196.

Couftume de Bretaigne, MSS. 195.

*des* Coutures, Eloges de l'Hom. de la Fem. & du Mariage, 783.

Création du Monde, ( la ) 95.

*de* Cremone, *Gérard.* Géomance, 415.

Chroniques des Roys, Ducs de Bourgogne, 585.

Croffet, ( le P. *Th.* ) La Cité myftiq. de Dieu, 111.

*de* Croy, *Fr.* les trois Conformités, 130.

Crys de Paris, ( les ) 716.

*le* Cure-dent du Roi de la Febve, 116.

### D

Daillé, *Jean.* Apolog. des Eglifes réform. 62.

Daillhiere, ( le fieur ) Ent. fur les femmes, 797.

Dailly, *Hector.* Le Viat de Saluts, 70.

Dalechamp, *Jac.* Hift. des Plantes, 299.

Dalquié, la Chine illuftrée, 1044.

Dames illuftres, ( les ) 827.

*de* Damhoudere, *Joffe.* Caufes criminelles, 201.

Daneau, *Lamb.* Bacchanales du Mardi gras, 117.

Daniel, *Gab.* Hift. de la Milice Franç. 990.

Dant, *J.* du Mépris des cheveux. 366*.

Dargenville , de la Lithologie & de la Conchiologie, 319.

Dassoucy , l'Ovide en Belle-humeur , 513.

Dassy , *Fr.* Trad. du Peregrin , 903.

Daubus , *Ch.* Le Bionisme des Moines , 191.

Daudiguier , Antiq. des Larrons , 1149.

Dauriot , *Blaise.* La Chasse & le départ d'Amours , 532.

David , *P. Joan.* Paradisus sponsi , 86.

David , ( Comment. sur les Ps. de ) MSS. 5.

Décadence de l'Empire Papal. 183.

Défense des Religieux contre ceux qui soutiennent que l'habit de Religion est pour les Pauvres , 168. du beau Sexe , 835 , 847 & 864. de l'Inconstance, 839.

Délie , objet de plus haute vertu , 580.

Delineata Pœnitentia Evang. David. 876.

Demandes joyeuses en maniere de Quolibetz , 716.

Demours , *Pier.* Trad. de Baker , 316.

Déploration du trépas du Comte de Ligny , 975.

Dérodon , *David.* Tomb. de la Messe , 146. R.

Description des Fêtes données en différentes Villes , 1003. des XIV. Forêts de la Généralité de Rouen. MSS. 1008. des Forêts de Touraine , MSS. 1009. des LII. Forêts de France, 1010. des Réjouissances faites à Rennes , MSS. 1011.

Description imag. de l'Entrée faicte à la Reine Gyllette , 716. de la Suisse , 1035. de la Chine , 1159.

Désiré , *Artus.* Les Combats du fidele Papiste , 558.

Deslyons , *Jean.* le Paganisme du Roi-boit , 114 & 115.

Démarêts , livre de toutes sortes de chiffres , 464.

Desmarêts , *J.* l'Ariane , 617.

Désordres de la Bassette , ( les ) 637.

Destruction du Fauxsonnage , 204.

Destructorum vitiorum ex similitud. creaturarum , 315.

Devises des Armes des Chevaliers de la Table-Ronde , 640.

Dialogue de Consolat. entre l'Ame & Raison , 99. du bien de Paix, 552. excusant ou défendant le sexe féminin , 808. des Demoiselles , 904. entre Pasquin & Marf. 910.

Dialogo de la Doct. de las Mugeres , 843.

Dictionnaire des Halles ,

ou Extrait du Dictionn. de l'Acad. 501.

Diderot , Dict. Encycl. 442.

Diete de Salut , ( le Livre intitulé la ) 109.

Digby , de la guérison des Playes , 409.

Discours des confusions de la Papauté , 140. d'un Juif-errant , 258. sur le mariage de Jennain, 711. sur les amours de la Duchesse de Savoye , 779. en faveur des Dames , 838 & 839. touchant la vraie amitié , 905. sur la triomphante récep. du Roi , 996.

Dissertations du P. Chamillart , sur plusieurs Médailles , 1074.

Dispute d'un Ane , 745.

Divertissemens de Forges , 613.

Dix belles & dévotes Doctr. & instructions , 99.

Doctrine nouvelle selon la Ste Ecriture , 127.

Dodart, Denys , Mém. sur les Plantes , 300.

Dolce , Lod. Ammaestramenti , 836. Dialogo , 908.

Domenichi , Lod. Facetie motti & burle , 704. la Nobilta delle Donne , 824.

Donati , ( Vitaliano ) Hist. Nat. de la Mer , 291.

Donneschi , I. di Fetti di Giuseppe Passi , 826.

Dons des Enfans de Latone , 572.

Doré , P. les Allumet. du Feu divin , 98. la Céleste pensée , 1031.

Drebel , Corn. deux Traités sur la Philos. nat. 400.

Drelincourt , Ch. le Combat Romain , 122.

Drouyn, Jehan, Trad. Fr. de la Grant nef des fols, 521.

le Duc , Prov. en rimes, 567.

Dufail , Noel , sieur de la Hérissaye , Contes d'Eutrapel , 695.

Duparc, Trad. de la Circé , de Gelli , 909.

Duret , Cl. Trésor des Langues , 504.

Duval , Art de toutes les Ecritures , 456.

E

EBRIETATIS detestatio , 749.

l'Echelle des Moines , 190.

Effigies Virorum doctorum , 1132.

l'Egalité des deux sexes, 793. des Hommes & des Fem. 865.

l'Eguillon de l'amour divin , MSS. 93.

Election des Papes , 931.

Elixir des Philosophes , par l'Ab. D. B. 393. 394. Elix. des Philos. attrib. au Pape Jean XXII. 399.

Ellis , J. Hist. des Corallines , 285.

Eloge de l'Enfer , 747. de l'Yvresse. = des Vins

de Bourgogne, 750. de la méchante fem. 863.

Emblemata secularium, 886.

Emblêmes, Devises Chrét. & morales, MSS. 875 Sacrés, 879. d'Amour. 885. sur les actions du segnor Espagnol, 891.

*l'*Ennemi du Mariage, 779.

*l'*Entrée de Louis XIV. 1002.

Enterrement du Dict. de l'Acad. 500.

Erasme, le Chevalier Chrétien, 69. la Touche naive pour éprouver l'ami, 251. Colloques, 899.

Erastus, *Th.* Dialogue sur le pouvoir des Sorcieres, 256.

Esprit, ( le R. P. ) de la possession des Religieuses de Louviers, 268.

Estienne, *Henr.* Apolog. pour Hérodote, 729. Vie de Cath. de Médicis, 995.

Etrennes de la S. Jean, 752.

Eustathius, Thessal. de Ismeniæ & Ismenes amor. 603.

*l'*Excellence des Hom. 794.

*l'*Excellente Femme, 828.

Explication sur plusieurs Textes de l'Ecriture, 17. des Statuts de l'Ord. des Chartreux, 166. d'un Tableau énigmatique, 1005. de divers Monumens, 1061.

Extrait de la Généalog. de la Princesse sœur du Duc de Mantoue, MSS. 978.

**F**

Factum pour les Religieuses de Ste. Catherine-les-Provins 163. du Procès de Furetieres, & de quelques Memb. de l'Acad. 502.

*la* Faculté vengée, Coméd. 586.

Fan Feredin, ( Voyage du Prince ) 638.

Fanti, *Sigis.* Triompho di fortuna, 494.

Farce des Précieuses, 796.

Fatou, *Nic.* Prodiges du S. Cierge, 956.

Faure ( *Anthitus* ) Trad. d'Ital. en Fr. de la fortune des Dés, 488.

Faure ( le Présid. ) ses Quatrains, 559.

*la* Fausse Clélie, 621.

*la* Femme n'est pas infer. à l'hom. 830. Généreuse, 861. l'ami des, 862. la méchante. ═ Mécontente de son mari, 863. qui ne se trouve point, 864. foible. ═ Sçavante, 865.

Femmes, ( *le* Cercle des ) 786. Sçavantes, 838.

Ferrant, *Louis*, Traité du Tabac, 774.

Ferrarius, *Oct.* de Pantomimis, 1070.

Ferrarius, *Jo. Bapt.* de Florum cultura, 304.

Ferrerius, ( *Augerius* ) Pract. Medic. 340.

Ferretti, *Ant.* Mirinda favola, 593.

Ferrier, *Auger*, Jugements Aſtronom. 416.

Fertel, *Dom.* Science pratiq. de l'Imprim. 465.

Ferry de Locre, Grandeur des Royaumes, 948.

Feſtin joyeux, ou la Cuiſine en Muſique, 574.

*de* Feurarius, *Mart.* de Venenis, 373.

*le* Fevre, ſieur de Lezeau, *Nic.* Vie de Marillac, 997.

Filleau, *J.* Litanies de Ste. Radegonde, 955.

Financiers, ( le *Salve Regina* des ) 1000.

Firenzuola, *Agnolo*, Conſigli de gli animali, 277. le Bellerre, le Lodi, 836.

*de* Fitelieu, la Contre-Mode, 735.

Flamel, *Nic.* ſon Sommaire Philoſophique, 396.

Fleureau, Antiq. d'Eſtampes, 1014.

*les* Fleurs de Bien-dire, 768.

*le* Flux diſſentérique des Bourſes Financieres, 1000.

Fondations des Ducs de Nivernois, 1017.

Fontaine, (*Jean de la*) Amours de Pſiché, 615.

*de* Fonteny, *Jacq.* ſes Anagrammes, 581.

*la* Forét Nuptiale, 1065.

Forge, ( *I. de la* ) de l'Eſprit de l'Hom. 275.

Fouqué, *Mich.* Vie, Paſſion de J. Chriſt. 58.

*le* Foudre foudroyant, 80.

*le* Fouet des Paillards, 79.

*du* Fouilloux, *Jacq.* la Venerie de, 480.

Fournier, *J.* Modeles des Caract. d'Impr. 467.

Franc, *Mart.* le Champion des Dames, 530.

Franchidelphe, Eſcorche-Meſſe, 131. *V.* Beze.

Franchiſe, ( *de la* ) Queſt. Chrét. touch. le Jeu, 77.

*de* Franqueville, Miroir de l'Art, 492.

Frédéric, ( le Code ) 207.

*la* Friquaſſée. 716.

Friſuis, *Laur.* Tract. ſingul. de Poteſt. Planet. MSS. 426.

Froidour, Deſcrip. des trav. qui ſe font en Languedoc, 1021.

Fulgoſe, *Bapt.* l'Anteros, ou Contramour, 760.

Fuſi, *Ant.* le Maſtigophore, 381.

## G

Gabalis, (le Comt. de) Entret. ſur les ſcien. ſecrettes, 410.

Gabriel, *S.* le Mérite des Dames, 832.

Gaillard, ( Œuvres du Sr. ) 898.

*la* Galanterie Monacale, 634.

*de* Galatheau, Diſſert. touc. l'Empire de l'Hom. ſur les Animaux, 252.

Gandelot, ( l'Ab. ) Hiſt. de Beaune, 1022.

Gandot, *Nic.* Epreuves des Caract. d'Impr. 468.

Gangneur, *Guill.* Technographie, 452.

Garguille, *Gaul.* ses Chansons, 755.

Garon, *Louis*, Trad. de la sage Folie, Fontaine d'Allégresse, 680 & 681.

Gastelier de la Tour, Armorial de Languedoc, 1020.

Gastius, *Joan.* de Virginitatis custodia, 104.

Gatzius, *Jacob.* Silenus Alcibiadès, 887.

Gauchet, *Cl.* Plaisirs des Champs, 295.

Gaulard, ( le sieur ) ses Apophtegmes, 696.

Gaultier, Dialogue sur le Mariage, 781.

*de* Gaumont, *Gab.* Dissert. sur la Ste. Tunique, 957.

Gazée, ( Angelin ) les Pieuses Récréations, 113.

Gedicus, *Sim.* Mulieres Homines non esse, 834.

Gelais, (*Oct. de S.*) la Chasse & le départ d'Amour, 532. le séjour d'honneur, 542. le Vergier d'honneur, 541.

Généalogies de quelques Familles de Liége & de Flandres, & particuliérement de la Maison de HEU. MSS. 426. de la Maison de Mailly, 1056.

Gent, Satyres cont. les Gens oppos. au Mariage. 780.

Geoffroy, Trad. de l'Art. d'essayer les Mines. 279.

Germain, ( *Math. de S.* )

Emblêmes, MSS. 881.

Gerson, *J.* Traité des X. Command. de la Loi, 71.

Gesner, Hist. des Animaux à quatre pieds, 312.

Gestes des Franç sous Louis IX. *MSS. Latin.* 986.

*de* Gesvres, ( Procès du Marquis ) 205.

Gigantologie, Hist. de la grand. des Géants, 380.

Gioachino, ( dell'Abate ) Profetie. 433.

*le* Girouflier, aux Dames, 585.

Glaubert, *J. R.* la Teinture de l'Or, 401. Descript. des nouv. Fourneaux Philos. 402.

Gobelin, les Œillets de Récréation, 690.

Gobin, *Rob.* les Loups ravissants, 554.

Godet, *Louis*, le Sacré Hélicon, 569.

Gombauld, ( l'Endimion de ) 606.

*de* Gonesse, *Nic* Trad. des Œuvres de Valere Max. 1081.

*de* Gongora, *Luis*, Obras, 596.

Gorlæus, *Abr.* Dactyliothecæ, 1072.

Goudelin, *Pier.* Recueil de Poëtes Gascons, 575.

Grammaire Turcque, 1155.

*le* Grand Miroir des Réformés, 967.

*la* Grande propriété des Bottes sansCheval. la com-

modité des Bottes , 711.
Granval, *Pier.* le Vice puni ,
 571.
Gratien de Pont , Contro-
 verses des sexes mascu-
 lins & féminins , 550.
*de* Grenailles, les Plaisirs des
 Dames, 859.
Grève , *Vict.* le Mastigophore , 381. *Voy.* Fusi.
Grew. ( Nehem. *Jac.*) Anat.
 des Plantes, 302.
Gringoire, *Pier.* Heur. de
 N. Dame , 48.
Gringore, *Pier.* ses Adages
 &Proverb.537.les Menus-
 propos de Mere-sotte,538.
 les Contredits de Songe-
 creux. 539.
Grivesnes , les Esguillons
 d'Amour , 763.
Grosley , Mém. de l'Acad.
 de Troyes , 1012.
*de la* Grue , *Th.* la Porte ou-
 verte , 961. Relig. du
 Monde , 962.
Guarini , *Batt.* il Pastor fido,
 592.
*la* Guerre Séraphique , 941.
Guettard , Mém. sur les
 Sciences , 393.
Guicciardin , *L.* ses Heures
 de Récréation , 705.
Guidonis Musica & Abaci
 Tabulæ & de Astrolapsu ,
 MSS. 440.
Guillaumet, *T.* Maladie ap-
 pel. Cristaline , 375.
Gumppenberg, *Guill.* Atlas
 Marianus , 54.
Guyon Dolois, sieur de la
 Nauche , *Louis* , ses di-
 verses Leçons. 1148.

Gynæceum Mulierum ,
 469.

H

HIEL , Voyage spirit.
 d'un Jouvenceau , 100.
Habert, *Franç.* la Nouvelle
 Vénus , 557. le Son-
 ge de Pantagruel, 653.
Habicot, *Nic.* Anti-Gigan-
 tologie , contre la gran-
 deur des Géants , 380.
Hamberlin , serviteur de
 M. Aliborum , 711.
Harangues sur la mort de
 divers Animaux , 312.
Harcouet de Longueville ,
 des personnes qui ont vé-
 cu plusieurs siecles, 344.
Harry, ( les Avant. de M.)
 773.
Hebanus , *Pet.* de Vene-
 nis , MSS. 342.
Hecatomgraphie , 882.
Hécatomphile, ou Fleurs de
 Poésie Françoif. 552.
Helmont , ( *F. M. B. ab* )
 Alphab. Hébr. 461.
Helvetius . Traité des Malad. les plus fréq. 358.
Helvetius , *Fréd.* Tract.
 de Physiognomia , 429.
Herbinius , *Joh.* de Cataractis , 289.
Heroet , Opuscules d'A-
 mour , 564.
*les* Héros de la Ligue ,
 1001.
Herpinot , ( les Etrennes
 de ) 711.
*de* Hesdin , *Simon* , Trad.
 des Œuv. de Valere Ma-
 xime , MSS. 1081.

Heures MSS. 28 à 45 à l'ufage de Rome, 46 à l'ufage des Fem. enceintes, 47.

l'Heureux Chanoine, 632.

Hilaire, ( de Saint) Rabat-joye du Triomphe Monacal, 172.

Hyppocrate, fes Aphorif. en vers, 339.

Hippolytus Redivivus, &c. 771.

Hiftoire prod. arrivée en Normandie, = Miraculeufe des Eaux rouges. =d'une Femme décédée qui eft revenue trouver fon Mari. = Admirable d'un Portuguais, 258. de l'Efprit apparu au Monaft. des Relig. de Lyon, 262. des Diables de Loudun, 265. du Cacao. 353. des Embél. de la Peau, 369. des IV. Fils-Aymon. 644. de Huon de Bordeaux, 645. de Rome, depuis la deftruc. de Troyes 647. du Prince Palanus, 648. du Chev. aux Dames, 649. de Fortunatus, 669. d'Aurelio, 672. du Prince Eraftus, 673. des Rats, 743. des Chanoines, 937. Critiq. de l', 938. du P. de la Chaize, 940. du Kouakerifme, 965. des Aanabaptiftes, 966. des Vaudois, 968, d'Hercule le Thébain, 974. Métalliq. de l'Euro-pe, 1076. Prodigieufes, 1142. de la Laponie, trad. de Scheffer, 1046. des Larrons, 1150.

Hiftoria del Caval. Cid Ruy Diaz, 691.

Hobbes, *Th*. Elém. Philofophiq. 244.

Honneurs funeb. rendus au Card. de la Rochefoucault, MSS. 1016.

d'Horace, ( les Amours,) 619.

Horatius, *Quint*. Emblemata. 883.

Hortus Epitaphiorum, 517.

Howel, *Jacq*. Dendrologie, 923.

Hubert, ( la vie de S. ) 949.

Huet, *Pier. Dan*. Paradis Terreftre, 14.

Hypolite, Hift. d' ( 620.

J.

Jacquelot, *P*. Art de vivre longuement, 345.

Jacques, *Jacq*. le Faut-mourir, 568.

James, *Thom*. Bellum Papale. 4.

Jan, ( *Ant*. Maître ) Malad. de l'œil, 365.

le Jardin de Plaifance, 579.

Jarnac, Rom. ( Mlle de ) 625.

Jarrige, *Pier*. le Jéfuite mis fur l'échafaud, 176.

Iau, *Jean*, le Cabinet Royal de l'Efpoux, 110.

Jeanne de la Croix, ( la vie de Sœur) 954.

Jehan de Abbeville, ( Maître ) Homelies, MSS. 83.

Jésuite Sécularisé, 178. Défroquée, 184.

le Jeu des Reines , 490.

de Imitatione Christi, 85.

Imitatoire instruction en la Religion Chrét. MSS. 112.

Inchofer, *Melch.* Monarchie des Solipses, 174.

Inghiramius , *C.* Frag. Ethruscarum Antiq. 977.

Institution de l'ordre du Croissant. MSS. 976.

les Intrigues Monastiques, 665.

Joannis , *S.* Apocalipsis, MSS. 10, 11, 12.

le Jolle, *Pier.* Descrip. de la Ville d'Amst. en vers burlesq. 583.

Jo... *Cl.* de l'Etat du Mariage, 128.

de Joncourt, ( Mlle. ) trad. des Provinciales, 73.

Joseph, *Pier.* les Moines travestis, 171.

Josson, Traité de la Danse, 486.

Joubert, *Laur.* Traité du Ris, 371.

les Jours heureux & malheureux de l'année, 716.

Justin Tonnelier, Discours Fantastiques, 706.

Justus *Pascasius* de Alea. 240.

Juvenalis & Persii Satyrarum, 515.

Juvernay, *Pier.* Disc.contre les fem. débraillées, 80.

K.

KIGGELAER, *Franç.* 297.

Kirchere , *Ath.* la Chine illustrée, 1044.

L

LACHAUD, ( *Nic. de* ) l'Arbre de Probation, 125.

Ladulfi, *Léon,* ses Propos rustiques, 564.

de Laffemas , *Barth.* Abus des Charlatans, 412.

Lafitau , *Fr.* Mœurs des Sauvages, 1142.

Lafosse , Cours d'Hippiatr. 478.

Lagnier, *Jacq.* Recueil des plus illustres Proverb. 892.

Lambert , ( de Marguenat de Courcelles ) *Anne-Thér.* Let. sur l'Educat. 133. Métaphysique d'Amour , 767.

Lamelin, ( *Engleb.* ) Avant-goût du Vin , 351.

Lamesle , *Cl.* Epreuv. des Caract. d'impr. 466.

Lamy , *Honoré,* Dissert. sur l'Antimoine, 408.

de Lancre , *Pier.* de l'Inconst. des mauv. Anges, 255.

Lazare , Histoire Tragique , 1143.

Lazarille de Tormes, ( la Vie de ) 721.

Leclusade , 586.

Légende de Mad. Ste. Valere, MSS. 55● Dorée, 942. des Vénitiens , 975.

de Lescale , *Alph* de l'Excel. des Fem. 804. le Champion des Fem. 805.

de Lescornay, *Jacq.* Mém. de la ville de Dourdan , 1015.

Lésine, ( la Compag. de la) === La Contre. 741.

Lespetit , *Laur.* le Livre de la Fortune des Dez , 488.

Lettres sur le pouvoir de l'Imagination, 364. Galante & divertiss. pour régler les Chats friands , 712.

Libellus scribendarum litterarum , 447. de honore Mulierum , 846.

Liber Méditationum , MSS. 87.

Liber Judiciorum de Bonitate. === de Regimine sanitatis. de Venenis Serpentum, MSS. 342.

*la* Liberté des Dames, 860.

Librairie, ( Code de la) 194.

Liechtenbergers , *Joan.* Prognosticatio , 425.

Lipsius , *Justus* , Politica , 243.

Listrius , *Gér.* Trad. & notes de l'Eloge de la Folie, 746.

*le* Livre de Clergie, 7. d'éternelle Consolation , 89. de l'Information des Rois,

MSS. 245. de Facet, 552. d'Armoiries , MSS 639. des Quenoilles , 716. de Sernnomes & Ordon. appart. agaige de Bataille, MSS. 982. en langue Arabe , 1157. en Caract. Malabare, 1166. de Facéties Allemandes. 1161.

*le* Livret de Crainte amoureuse , MSS. 92.

Locques, *Nic.* les Rudimens de la Philos. nat. 404.

Lonicerus , *Adam.* Venatus , 479.

de Lorris , *Guill.* son Roman de la Rose , 524 à 529.

*la* Louange des Dames , 109 & 854.

Louveau, *Jean* , Trad. des Amours d'Isménius. 886.

Loyauté des Femmes. 6.

Lucas, *Fr.* Arte de Derevir , 460.

Lupus, *M.* Epitaph. Severæ, Martyris, 951.

Lussauld, *Car.* Apolog. des Médecins , 383.

Luther , le petit Chien de l'Evangile , 119.

Lyserus , *Joan.* Discursus de Poligamiâ. 158.

## M

ACHON, *Louis* , Sermon en faveur des Femmes , 833.

Mackenzie, *Jacq.* Hist. de la Santé, 343.

*le* Maçon, dit de la Fontaine, R. Funérailles de Sodôme, 124.

Mahmoud, Hist. Orient. 627.

*de* Mailly, *Nicolle*, les Cantiques de l'Ame regrettante, 552.

Maimbourg, *Louis*, Hist. du Calvinisme, 970.

*de* Mainville, du Bonheur du Mariage, 229.

Mainy, Régim. Sanitatis, MSS. 342.

*le* Maître, *Jean*, le Temple d'honneur & de vertus, 585.

Maldeghem, *Phil.* Trad. en Rime Franç. de Pétrarque, 588.

*de* Manfredi, *Lelio*, Lettera di Leriano, 911.

Manni, *Giov. Batt.* dell'Inferno, 65.

Mansel, *Jehan*, VITA CHRISTI, MSS. 55.

Mantuanus, *J. Bapt.* Opera, 518. Eglogues, 519. la Partenice, 520.

Manuel de S. Augustin, 99. de la Grand Phrairie des Bourgeois de Paris, 983.

Manuscrit Siamois, 1158.

Maraffi, *Barthoi.* l'Amante Maltratto, 685.

Maraviglia, *J. M.* de fide Divinationibus, 434.

Marbodæus Gallus, de Gemmis, 1072.

Marchand, *Prosper*, ses Remarq. sur le *Cymbalum Mundi*, 698.

Marcial de Paris, *dit* d'Auvergne, Louange de la Vierge, 542.

Marcolini, *Francesco*, Giardino di Pensieri, 590.

*de* Marconville, *Jean*, de la Bonté & mauvais. des Femmes, 800.

*du* Mariage, ( célébration ) 126. les quinze Joies du, 784.

Marie, ( le R. P. *Jean* ) Divertis. des Sages, 220.

Mariette, Recueil de Pier. Antiques, 1073.

*ae* Marigny, ( l'Ab. ) le Pain Bénit, 712.

Marinella, *Lucr.* sa Nobilita delle Donne, 822 & 823.

Marinello, *Giov.* Ornamenti delle Donne, 236.

Marot, *Cl.* ses Œuvres, 556.

*les* Marques d'hon. de la Maif. de Tassis, 1031.

*de* Marsilli, ( le Comte ) Hist. Physiq. de la Mer, 290.

Marsilius, *M. Ant.* Hydragiologia, 51.

Marthe, ( le Bar. de Ste. ) Police du Royaume, MSS. 250.

Martin, ( de S. ) les Travaux d'Ulysse, 472.

*de la* Martiniere, *Pier.* Tombeau de la Folie, 397.

Masson, *J.* le Parfait Limonacier, 356.

20        T A B L E

Matanasius, ( *le* Doct.) le Chef-d'œuvre d'un Inconnu , 728.

Materot, *Lucas*, Vraie intelligence de la Lettre Italienne , 457.

Mathéolus, (le Livre de) pour & contre le Mariage, 535.

Mathilde , Rom. 626.

Matthieu , *Pier.* ses Quatrains , 559 & 561.

Mavelot, (livre de Chiffres, grav. par ) 462 & 464.

Maugin , *J.* Plaint du Vaincu d'Amour, 616. Hist. de Tristan , 642.

Mauriceau , *Franç.* Malad. des Fem. grosses, 360.

Mazarin, ( le Card. ) joué par un Flamand , 998. Mémoire de la Duchesse de , 999.

*la* Méchanceté des Fem. 709.

Médecine universelle , ou le vrai Or potable , 401.

Meibomius , *Henr.* Tract. de usu Flagr. 548.

Meliton, l'Apocalypse, 173. de la Correct. frat. 189.

Mémoire pour l'établis. de la Jurisdiction des Abbés de Clugny , 167. du Pere de la Joie , 670. sur la Vie de Grégoire VII. 934.

Menagius, *Ægid.* Hist. Mulier. Philos. 1139.

Menckenius , *Jo. Burch.* Charlataneria , 727.

Méneftrier, *Cl. Fr.* Art des Emblêmes, 869. Philophie des images, 870, 871.

*la* Mer des Hist. 922.

Mercure Jésuite, 175. Postillon , 924.

Mercurii, *Scip.* della Commare , 362.

*de* Merlin l'Enchanteur , (Rom.) 641.

Meschinot , *Jean* , les Lunettes des Princes , 536.

*la* Messe en Grec , 21.

Métamorphose de la Relig. Rom. 137.

*de* Meun, *Jehan ,* son Testament , MSS. 215. Le Miroir d'Alquimie, 395. Les Rémont. de Nature à l'Alchymiste Errant , 396. son Roman de la Rose, MSS. 524 à 529. Son Codicile. 585.

Meurier , *Gab.* Trésor des Senten. dorées , 733.

Mexia , *Pero.* Coloquios o Dialogos , 900.

*de* Meynier, *Honorat ,* Naissance de Baccus , 748.

Meysonnier, *Laz.* Effets du Vin , 351.

Michaelis , *Sebast.* Hist. d'une Pénitente séduite par un Magicien, 259.

Michault , *Pier.* le Doctrinal de Court , 543.

Michel , Poëtes Gascons , 575.

Michel , *G.* Trad. de la Pandore , 557.

Michiele, *Piet.* Epist. Amorose , 912.

Mignerak, *Matth.* Pratiq. de l'Eguille , 445.

Millet , *Jacq.* Destruct. de Troyes la Grant , 585.

*la* Minerve Dauphine , MSS. 831.

Mirabilis liber qui Prophetias revelationes , 431.

Miroir des Femmes , 810.

Missale , Romanum , MSS. 22. Rothomagensis , MSS. 23. Monachorum S. B. MSS. 24.

Mizalde , *Ant.* Jardin Medicinal , 390.

*la* Mode qui court au temps présent. 716.

Modio , *Giov. Batt.* il Convito , 239.

*le* Moine , *Pier.* la Gallerie des Femmes fortes, 1141.

*le* Moine sécularisé , 180.

Molinet , *Jean* , son Roman de la Rose , 528. Complainte de Constantinople. === le Temple de Mars. === Nativité de Charles d'Autriche, 585. le Calend. en vers, 716.

Monarchie du Prête-Jean , des Indes , 983.

*de* Moncrif , ( Paradis aug.) Essais sur les moyens de plaire , 223. les Chats , 742.

*le* Monde renversé , 895.

Monologue de la Chambriere , 716,

Montalban , ( la femaine de ) ou les Mariages malassortis , 699.

Montaltius , *Lud.* Tract. reprobat. Sententiæ Pilati , 16.

Mont-Douysien , *P.* Lunettes Spirituelles , 96.

*de* Mont - Mayor , *Georg.* sa Diane , 693.

*de* Montfaucon, *Bern.* Monum. de la Monarch. Franç. 979.

*de* Montmoron , (le Comte) Apolog. des Fainéans , 758.

Morellus , *Frid.* Declamatio in uxoris loquacitatem, 885.

Morin , ( Eloge & Vengeance du Trépas de *Mich.* ) 712.

Morinus , *J. Bapt.* Refut. de Præad. 150.

Morland , ( le Chevalier ) Elévation des Eaux. MSS. 439.

*de* Mornay , *Philip.* le Mystere d'iniquité, 139.

*de* Morry , *Ant.* Traité des Miracles , 258.

*de la* Mothe , *Jacq.* Blas. des Celestes Armes de France , 1052.

*du* Moulin , *Pier.* nouveauté du Papisme , 138. Anat. de la Messe , 145. R. de l'Origine des Capucins , 188.

Moufin, *J.* Discours de l'Yvresse , 751.

Moyens d'Abus , 991.

Moyens de se guérir de l'Amour , (*les*) 766.

*le* Muet, Trad. du Trait. des cinq Ord. d'Archit. 475.

Muntingius , *Abrah.* Phytographia curiosa , 303.

Murner , *Th.* Chartiludium Logicæ , 214.

*la* Muſe folâtre, 582.
*la* Muſique du Diable, 663.
*de* Mynut, *Gab.* Diſcours divers de la Beauté, 769.

**N**

NADAL, (l'Ab.) Hiſt. des Veſtales, 1068.
Nativité d'une fille, ſelon les Regl. Aſtrolog. MSS. 423.
Naudé, *Gabr.* Apolog. des Grands Hom. 272. Hiſt. des Freres de la Roſe-Croix, 406.
Nef des Folles, (la Grand.) 20 * pag. 141.
Népotiſme de Rome, 973.
Nerveze, *G. Bern.* Entret. de l'ame dévote, 108. Amours diverſes, 612.
Neuhous, *Henr.* Advertiſ. des Freres de la Roſe-Croix, 407.
*le* Noir, *Jean.* Lumiere politiq. 929.
Noſtradamus, *Mich.* les Prophéties, 432.
Novitius, Dict. Lat. Gall. 497.
Nudités de Gorge, (l'Abus des) 75.
Nutrice Spirituale del Bambino Gieſu, 108.

**O**

OEUVRES Minérales, ſur la Séparat. de l'Or. 401.
Olivier, *Jacq.* Alph. de l'Imperf. des Fem. 801. Réponſe aux Impertin. du Capit. vigoureux, 803.
Olivier, *Janus*, ( la Pandore de ) 557.
Onguent pour la brûlure, 180.
Ordonnances de la Cabale des Filoux, 711. Des Chev. de l'Ord. de St. Michel, 983, 984. Du Roi Henri II, ſur la réfor. des Habits, 987.
*l'*Ordre des Cocus réformés, 711.
*de* Origine Mahometis, 1040.
Outhier, Journal d'un Voy. au Nord. 916.

**P**

PACHECO de Narvaez, *D. Luis*, Hiſtoria de Las dos Conſt. Mugeres, 688.
Palatino, *Giov. Batt.* nel quali s'inſegna à ſcrivere. 460.
Palavicino, ( *Ferrante* ) le Divorce céleſte, 719.
Panthot, *J. B.* Traité des Dragons, 181.
Panvinius ( *Onuph.* ) Elogiæ & Imagines, 933.
Panurge (le nouv.) avec ſa Navig. 652.
Papillon, Traité de la Grav. en bois, 473.
Papin, *Denys*, Maniere d'amolir les os, 357.
Papinius, *Nic.* de Pulvere Sympathico, 409. *
*le* Papiſme, au dernier Soupir, 141. R.
Paole, *Marc*, le livre des Pérégrinations, MSS. 917.
Paracelſus, *Ph. Aur. Theoph.* Prognoſticatio, 424.

Paradin , *Guill.* Blafon des Danfes , 77.

Paradoxes , ou les Opinions renverſées des Hom. 222. *Idem.* 736 , qu'il faut que les filles fe marient , 779.

Parallele de la Doctr. des Payens & des Jéſuites , 129. De l'Architecture de Palladio , 476.

*du* Parc , Philoſ. d'Amour de Leon Hébreu , 218.

Paſcoli , *Gab.* la Pazzeſca Pazzia de gl'Huomini , 686.

Paſquille , ( les Viſions de ) 726.

Paſſæus, *Criſp.* Métamorpho-ſeon Ovidianarum, 512.

Paſſe-Partout des Jéſuites , 181. Galant , 668.

Paſſion de J. Chriſt, MSS. 59.

Pateanus , *Eryce* , Diſſert. ſur la Pompe funéb. du Pr. Albert, 1029.

*le* Patiſſier Franç. 356.

Patru , ſes Dialogues , 907.

Peinture en Moſaïque , par M. le V*** , ( Eſſai ſur la ) 471.

*le* Pelletier , *Jean* , Arche de Noé , 15.

Peliſſerie , Hiſt. de la Royau-té , 249.

Perraud , l'Anti - Démon de Mâcon , 270.

Perrault , *P.* Origine des Fontaines , 287.

Perrault , *Cl.* le Poëme de S. Paulin , 566.

*de* Perret , l'Art de ſe raſer , 368.

Perret, ſes Poéſies, 629.

Peſcetti , *Orl.* Proverbi Ita-liani , 893.

*le,* Petit , *Cl.* de Spiritibus creatis , 261.

Petrarque , *Fr.* Trad. de ſes Œuvres , 587 , 588. Les ſix Triumphes, MSS. 589.

Peucer , *G.* de la Devina-tion , 435.

Peyrere , ( *Iſaac.* de la ) Præadamitæ , 148 , 149. Du Rappel des Juifs 155.

*de la* Peyriere , Théât. des bons Engins , 882.

Pezenas , *le P.* Méth. pour le jaugeage , 413.

Philelphe , *Fr.* Maniere de nour. les Enfans , 241.

Phileremo , *Ant.* le Ris de Démocrite , 212.

Philieul , *Vaſquin.* Trad. des Œuvres de Pétrarque , 587.

*la* Philomele Séraphique, 105.

Philoſophiſme des Jéſuites , 185.

Pibrac , *V. Fab.* ſes Qua-trains , 559. Tétraſtica , 560.

Picinelli , *D. Filip.* Mondo Symbolico , 1071.

Pierre , ( *I. de la* ) le grand Empire de l'un & l'autre monde , 655.

Pierre , ( le Prieur de S. ) Moyens pour éviter les Procès , 200.

Pinelle , *Loys* , les quinze Fontaines vitales , 99.

Piolle , *Joſ.* Vie de Mad. de Frémiot, Bar. de Chan-tal ; en vers , 570.

Piſanelli , *Bald.* Nat. del Cibi. 372.

de la Place, *Pier.* Comment. de l'Etat de la Religion, 989.

Placides, Cueur de Philof. 419.

Plaidoyé fur la Principauté des Sots, 739.

Plainte du Teint aux Dames, 814. Contre l'impétuofité des vents, 711.

Plante-Amours, Art de connoître les Fem. 785.

Platine, *Bapt.* Dial. contre les Folles Amours, 760.

Platon, ( le Timée de ) 211.

Pline fecond, Hift. du monde, 296

Plumier, *Ch.* Fougeres de l'Amériq. 309.

Plutarque, la Touche naïve, pour éprouv. l'Ami, 251.

Pluton Maltotier, 658.

Poggius, *Florent.* Facetiarum, 703. De Nobilitate, 1048.

Poliphilus, Hipnerotomachia, 682, 683.

Politique des Jéfuites, 183.

Pomey, Indiculus Univerfalis, 495.

Pompe funébre du Prin. Albert, 1029.

Pona, *Francefco* la Lucerna. 591.

de Pont-Aymery, *Alex.* Paradoxe apologetiq. 819.

Porcacchi, *Thom.* Funérali antiq. 1664.

Porphyrius, *P. Opt.* Panegyricus, 972.

Porrée, (*Jonas*) ancien. Cérémonies, 927.

Portraits des Hom. illuft. en en piété, 1137.

Poftel, *Guill.* Protevangel. Divi Jacobi minoris, 151. Les très-merveilleuf. Vict. des Fem. 152, 153. Abrahami Patriarchæ liber Jezirah, 152.

Poudre de Sympathie juftifiée, 394.

de Pouilly, Théorie des Sentimens, 221.

Préjugés, cont. le Papifme, 971.

les Prefomptions des Femmes, 716.

le Preffoir des Eponges du Roi, 1000.

Prévarication du P. de la Chaife, 183.

Prieres dur. la Ste. Meffe, 50.

Prieur, *Cl.* de la Lycantropie, 257.

Pringy, ( Mad. de ) Caract. des Femmes, 858.

la Prifon d'Amour, 692.

Privilége de la fierte de S. Romain, 192. Du Cocuage, 632.

Priviléges de S. Martin de Tours, 1018. De la Nobl. d'Alface, 1054.

Problême fur les Fem. 864.

Promenades Printanieres, 350. De Verfailles, 628.

Propos mémorables, 1138.

Propugnaculum Caftitatis, 807.

de Provaucheres, Oraif. funéb. de Henri IV, 994.

Prudent le Choyfelat, Difcours Economiq. 293, 294.

Provencheres,

Provencheres, ( *S. de* ) Inappétence d'un Enfant, 382.

Pfeautier Hébraïque, 1152.

Ptolemæus, *Cl.* Harmonicorum, 484. Géogr. 913.

Pugna Porcorum, 711.

**Q**

Queriolet, ( la Vie de M. ) 1135.

Queſtion de Amore, 689.

*de* Quintana, *Fr.* Hiſt. de Hypolito, 688.

**R**

Rabanus Maurus, de Laudibus S. Crucis, 57.

Rabi, *le P.* Miracles du Pain béni, 63.

*du* Radier, ( Dreux ) Dict. d'Amour, 764.

Raiſin, *S.* (Sermon joyeux de) 716.

Raiſonnable, Harang. Burl. ſur la mort de divers animaux, 718.

Ralle, *le P.* Indulg. des Papes aux Confreres de la Ste. Trinité, 63.

Rameau, le Maître à danſer, 485.

Ranto de Laborie, Let. ſur l'Educ. des Fem. 234.

Recherche de la Pierre Philoſophale du Philoſ. inconnu, 403.

Récréations des Capucins, 666.

Recueil de tout Soulas & Plaiſirs, 555. de Poéſies ſur la Conſt. 573. de Poéſies Franç. MSS. 576. de ces Meſſieurs, 753. de ces Dames, 754 de Firmans, ou Ordonn. Turques, 1156.

Réflexions ſur les Fem. 233.

Régime de Menaiſge ſelón S. Bernard, 109.

Réglem. du Conſeil ſouverain d'Alſace, 193.

Régles de la Compagnie des Pénitens, MSS. 61. & Conſtitut. pour les Filles repenties, 169.

*les* Regrets de la Dame infortunée, 975.

Reinaud, *Théoph.* Traité contre le Commerce des Religieux, 170.

*la* Reine des Femmes, 838.

Relation au ſujet de l'inſulte que les Papalains firent au Duc de Créqui, 935. de la Venue de Charles V en France, MSS. 1028. de la Dépoſit. de Richard II. MSS. 1038.

*la* Religieuſe Pénitente, 622.

Religion des Moſcovites, 1039.

Renverſement de la Morale Chrét. 944.

Réponſe aux trois Quaquets de l'accouchée, 711. à un Curieux, 849.

*la* Réponſe des Oracles d'Apollo. MSS. 553.

*le* Réveil de Chyndonax, 1062.

Richard, ( l'Ab. ) la Théorie des Songes, 436.

Richelieu , ( le Card. de ) Hift. des Diabl. de Loudun , 265.

Richer , l'Ovide Bouffon , 514.

Rituale, ad ufum Canon. regul. MSS. 25.

Rodomontades Efpagn. 891.

Roger bontemps , 621.

le Roi , L le Timée de Platon , 211.

Roland , *Jacq.* Bouche fans Langue , 385.

Romain , (*Fr. de S.*) Calendrier des Heures , 68.

Roman cont. les Amours de Lériano & de Lauréole. MSS. 671.

Rome , Paris & Madrid , ridicules, 584. Pleurantes, 998.

*de* Romieu , *Marie*, fes Œuvres Poëtiques , 829.

Roquet, Supérior. de l'Hom. MSS. 792.

Rofiere de Chaudeney , les Rofes de l'Amour célefte , 102.

*de* Roffet , *Fr.* Hift. des Amans volages, 610. Hift. Trag. 1144.

Roftagny , Inftruct. de la Fille de Calvin , 120.

Roulliard , *Seb.* Doxol. du feftu. 731. Gymnopodes, ou Differt. fur la nudité des pieds , 732. Le Grand Aulmofnier de France , 981. Hift. de la ville de Melun , 1013.

*le* Roux *Philib.* Dict. Comiq. 503.

*le* Royer, Hift. du Mont-Valérien 1007.

Rupertus, *Chrif. Ad.* de Arcanis in combinend. nuptiis , 775.

Ruyfchius , *Frid.* Rariorum Plant. 297.

## S.

Saconay , ( *Gab. de* ) Gealog. & la fin des Huguenaux , 988.

*le* Sage , Poëtes Gafcons , 575.

*de* Saint Julien , *Pier.* Gemelles ou Pareilles , 1146.

*de* Sainte Palaye , Mém. fur l'anc. Chevalerie , 1053.

*du* Saix , *Ant.* la Touche Naïve , pour éprouver l'Ami , 151.

*de la* Sale , La Salade, 920.

*de* Sallengre , *Abl. Hen.* Hift. de Montmaur , 738.

*le* Salmigondis, 725.

*de* Salnove , *Rob.* Vénerie Royale, 481.

Salomon , ( Livre de la Sageffe, ) 7, 8.

Samxon , *Jehan* , trad. fr. des Iliades d'Homere, 508.

Sanchez, *Th.* de Matrim. 81.

*de* Sara , *Dominiq.* le Livre de Lingerie , 445.

Satyres contre le joug Nuptial, 778. sur les Fem. 866. sur le sort des Maris. == Contre les Vieil. Coquettes, 867. des Fem. 868.

Sauvageon, abus de la Poud. de Sympath. 409 *.

*de la* Sauvagere, Antiq. dans les Gaules, 1059.

Scaligeri, *Camillo*, la Nobilta del Asino, 744.

Schindlers, Art d'essayer les Mines, 279.

*à* Schurman, ( V. An. M. ) Dissertatio de Ingeni i Muliebris, 851.

Sealzini, *Marcello*, Inventore Scrittore, 459.

Secrets des Jésuites, 180, 998.

Sermon d'un Fiancé, 716.

Sermones & vitæ Sanctorum Martyrol. MSS. 84.

Servetus, *Mich.* de Trinitate divinâ, 147.

Silvie, 586.

Silvius, *A.* de Pravis Mulieribus, 798.

Simon, ( de S. ) la Guerre Spirituelle, 98.

Sintagma Corporum Opticæ, 438.

Sireulde, *Jacq.* Abus & Superfluitez du Monde, 716.

Sirmondus, *Jac.* Hist. Pœnitentiæ publicæ, 68.

Smids, *Lud.* Pictura loquens, 599.

Sobrino, Dict. Espag. & Fr. 506.

Somaize, ( le sieur de ) Dict. des Prétieuses, 795.

Sommaire du Procès du Sr. de Beaumarchais, Trés. de l'Eparg. 1000.

Sonnet, *Th.* Satyres contre les Charlat. 411, 412. sur les Traverses du Mariage, 776.

*du* Soucy, Philosophie des Dames, 813.

*la* Source d'honneur pour maintenir la corporelle Elégance des Dames, 551, 552.

Speculum Passion. J. Christi, 56.

Statius, *Ach.* les Amours de Clitophon, 602.

Statuta Diocesis Nannetensis. MSS. 165. Ordinis Hierusalem, 945. de l'Ordre de la Jarretiere, MSS. 1036.

Steele, Bibliotheq. des Dames, 255.

Suares, *Jacq.* Torrent de Feu, 123.

Sucession de el Rey Phelipe V, 1025.

Sully, *H.* Méth. pour régl. les Montres, 418.

Surin, ( le R. P. ) Possession des Urselines de Loudun, MSS. 263.

Sweertus, *Eman.* Florilegium, 306.

Swift, *Jonath.* le Conte du Tonneau, 730.

Swinden, *N.* de la nature du feu d'Enfer, 66.

Sylva Anachoretica, 950.
Symbolorum Selectorum, MSS. 874.

**T.**

Tabarin, ses Œuvres & Fantaisies, 709, 710, 311.
Tablature Spirituelle, 108.
Tableau des Ruses & subt. des Fem. 811. des Piperies des Fem. Mond. 812. des Papes de Rome, 930.
Tableaux tirés de l'Iliade & de l'Odyſ. d'Homere, 509.
Tabourot, *Etien.* Sr. des Accords. les Bigarures, 696.
Tabulæ Æquinoctiales, 921.
Taillemont, Diſc. fait à l'hon. de l'Amour, 770.
Tardinus, *Joan.* de Pilis, 366.
Taſſe, Rouzi Frioutitave, ( le ſuppl. de ) 789.
Tel, ( les Amours du Chev.) 631.
Telin, *Guill.* Sommaire des ſept Vertus, 896.
*le* Tellier, ( Vie du P. ) 943.
*les* Ténébres du Champ Gaillart, 716.
Teſtament des Jéſuites, 182.
Theagene, (les Amours de) 600, 601.
Théâtre des Cruautés des Hérétiq. 969.
Theophile, ses Œuvres, 565.

Thibault, *Girard.* Acad. de l'Eſpée, 477.
Thiers, *Jean-Bapt.* Factum contre le Chap. de Chartres, 164.
Thoinot Arbeau, Orcheſograph. ou Traité de la Danſe, 484.
Thomas, *Artus,* Comment. ſur Philoſtr. 1131.
Tiel Weſpiegle, ( Hiſt. de la vie de ) 720.
*de* Tignonville, *Guill.* les Dits moraulx des Philoſophes, MSS. 208.
*le* Tillier, le Philogame ou ami des Noces, 227.
*de* Timoſille, Regrets facét. ſur la mort de divers animaux, 717.
Tiſſot, l'Onaniſme ; 349.
Toilette de l'Arch. de Sens, 162.
Tolandus, *Joan.* Pantheiſticon. 157.
Tomagni, *Giov.* del l'Eccellentia de l'Huomo, 276.
Tombeau de la Polette, 711.
*de* Tornate, *Guibert,* Sermons, MSS. 82.
Tory, *G.* Proportion des Lettres Antiques, 450, 454.
Toulouſains ( la Convertion des ) 64.
*de la* Tour-Landry, *Geof.* le Chev. de la Tour, 643.
*de* Tournefort, ( *Joſ.* Pitton) Voy. du Levant, 919.
Tours induſt. de la Maltôte, 659.
Tractatus de Fortuna Infor-

tunio, MSS. 342. Varii de Pulicibus, 722.

Traduction de la Lett. d'Eusebe, 925.

Trajan, ( Hist. de l'Emp. ) comm. son Ame a été délivrée des tourm. d'Enfer, 258.

Traité de Discipl. de divine Amour, 99. de la Ste. Eucharistie, 126. de l'oreille d'Ours, 307. de la dissolution de Mariage, 377. des Talismans, 394.

Trattato degli Studi delle Donne, 853.

Trembley, Hist. du Polype, 317.

Trésorerie des Enfans de France, MSS. 985.

Treuchses, *Ph. Henr.* Chiromance Médicinale, 437.

*de* Trevisan, *Bern.* la Turbe des Philosophes, 400.

*le* Triomphe Hermétique, 398. des Dames 813, 838, 864, des Fem. 821.

Trismosin, *Salom.* son Traité Chymique, intit. la Toison d'Or. 395.

Tritheme (l'Ab.) Polygraphie, 449.

Turccaro, *Archange*, Dialog. sur l'Art de Voltig. 483.

*de* Turco-Papismo, 143.

Tyrannomanie des Jésuites, 186.

V.

VÆNIUS, *Ernest.* de Pulchritudine, 737.

Vænius, *Oth.* Emblemata, 877, 878.

*le* Vagabond, 722.

*de* Vallembert, maniere de nourrir les Enfans, 386.

Vallemont Disc. sur une Médaille d'Alexandre, 1075.

Valentinien, *Teod.* l'Amant ressuscité, 608.

Uasolo, *Scip.* la Gliorosa delle Donne, 593.

*de la* Varenne, Cuisinier Franç. 356.

*de* Vaure, l'Entretien des Vieillards, 242.

*le* Vayer de Boutigny, Tarsis & Zelie, 607.

*de* Vega, *Jehan*, Voyage du Bar. de St. Blancard, MSS. 918.

Velmatius, *Joan. Mariæ*, V. & N. Testamenti, 9.

Vencintino, *Lud.* il Modo & Regola de Scrivere, 458.

Vengeance des Femmes, 867.

*du* Verdier, *Ant.* la Prosopographie, 1134. ses diverses Leçons, 1147.

*les* Véritables Précieuses, Com. 796.

Verrien, Recueil d'Emblêmes, 872.

Véron, où le Hibou des Jésuites, 180.

Vertus du beau Sexe, 865.

*de* Verville, *F. B.* les Appréhensions Spirit. 894.

Vezelius, *Theod. Bezæ*, Tract. de Polygamia, 199.

Ulloa, *Alfonso*, della Degnita dell'Huomo. 276.

Ulmus, *Marc. Ant.* Barbæ Humanæ, 367.

Ulstadius, *Philip.* Cœlum Philosophorum, 393.

Vialart, *L.* Généalogie de Surgeres, 1019.

*le* Victoire d'Argent contre le Dieu d'Amour, & la Victoire d'Honneur & d'Amour contre Argent, MSS. 553.

*la* Vie, Mœurs & déport. de Henry Bearn. 993. de Cartouche & de Nivet. 1151.

*les* Vies des plus Anc. Poët. Provençaux, 1133.

*de* Vigenere, *Bl.* Traité des Chiffres, 463. Trad. de l'Hist. de l'Emp. Grec, 1041. Philostrate, 1131.

*de* Vignay, *Jehan* ; le Livre des Echecs moralisé MSS. 216.

*de la* Vigne, *And.* le Vergier d'honneur, 541.

Vigoureux (le sieur) Défense des Fem. cont. l'Alph. 802.

Villa-Nova, *Arnol.* de Sanitatis, MSS. 342.

*de* Villiers, *Hub. Philip.* Rec. de 50 Jeux divers, 701* pag. 141.

*de* Vinci, *Leon.* Traité de la Peinture, 470.

Vinciolo, Pourtraits d'Ouvrag. de Lingerie & Dentelles, 443 & 444.

Viret, *Pier.* la Physique Papale, 132 & 133. l'Intérim, fait par dialog. 134. Exposition sur le Symbole des Apôt. 135. le Monde à l'Empire, 136.

Virginité, ( Traité de la) 226.

Virorum Eremitarum Elogia, 946.

Vita D. Thomæ, 947.

Vives, *Louis*, Institut. de la Femme Chrét. 69.

*de* Volcyre, *Nic.* Hist. de la Vict. obt. sur les Luthériens, 963.

Volpi, *G. Ant.* Studi delle Donne, 237.

Voyage de trois Bourgeoises de Paris, 711.

Ursinus, *Fulvius*, Imagines, Vir. illust. 1077.

Usserius, *Jacob.* de Macedonum, 68.

W

Wendrock, *G.* les Provinciales, 73 & 74.

Wier, *Jean*, Impost. des Diables, 256.

X

Ximenes, *Franç.* liv. des SS. Anges, MSS. 52. 53.

## Y

YCIAR, *Juan*, Arte fubtiliffima, 460.

Ydens, *Etien.* Hift. du St. Sacrem. 958.

les Yeux, le Nez, &c. 815.

Yver, *Jacq.* le Printemps d'Hyver, 611.

## Z

ZECAIRE, D. Philof. natur. des Métaulx, 396.

*Relevé des N<sup>os</sup>. des Manuscrits Rares & précieux sur Vélin, sur Papier, & Livres impr. sur Vélin.*

## THÉOLOGIE.

N<sup>os</sup>. 1, 2, 3, 5, 7, 8, 10 à 12, 21 à 46, 50, 52, 55, 59, 82 à 84, 87, 91 à 93, 112.

## JURISPRUDENCE.

N<sup>os</sup>. 159, 165, 195, (196, *impr. sur Vélin.*) 197,

## SCIENCES & ARTS.

N<sup>os</sup>. 208, 215, 216, (223 *imprimé sur Vélin.*) 245, 250, (263, *MSS. sur Papier.*) 342, 384, (422, *MSS. sur Papier.*) 423, 426, 439, 440.

## BELLES-LETTRES.

N<sup>os</sup>. 496, (523, *impr. sur Vélin.*) 524 à 527, 531, 553, 576, 577, 589, 639, 647, 648, 671, (698 *impr. sur Vélin.*) 874, (875, *MSS. sur Papier.*) 881.

## HISTOIRE.

N<sup>os</sup>. 914, 917, 918, 978, 982, (984, *impr. sur Vélin.*) 985, 986, 1006, 1008, (1011, *MSS. sur Papier.*) (1016, *idem.*) 1028, 1036, (1037, *impr. sur Vélin.*) 1038, 1048, 1057, 1081, 1153, 1156, 1158.

---

## ERRATA.

N<sup>os</sup>. 319. Zoomorphose, *lisez* par M. Dargenville.
398. Hermitique, *lis.* Hermétique.
484. Ptolomæi, *lis.* Ptolemæi.
522. Berthol, *lis.* Barthol.
531. Buigne, *lis.* Buygne.
533. Batheolus, *lis.* Matheolus.
542. Marcial, *lis.* Marcial de Paris, *dit.*
703. & 1048. Pogii, *lis.* Poggii.
742. Montcrif, *lis.* Moncrif.

*La Vente des Livres de feu M. PICARD, contenant environ cent Manuscrits sur Vélin, décorés de Miniatures, & de beaucoup d'Articles rares & singuliers, se fera le Lundi 31 Janvier 1780, & jours suivants, trois heures de relevée, à l'Hôtel d'Aligre, rue S. Honoré.*

Les Livres seront exposés dans l'ordre qui suit.

### Lundi 31 Janvier, 1780.

| | | |
|---|---|---|
| Théologie, | Nᵒ. 67 à | 80 |
| Jurisprudence, | 159 | 164 |
| Sciences & Arts, | 255 | 278 |
| Belles-Lettres, | 597 | 630 |
| Histoire, | 913 | 933 |

### Mardi 1 Février, 1780.

| | | |
|---|---|---|
| Théologie, | 81 | 93 |
| Jurisprudence, | 165 | 170 |
| Sciences & Arts, | 279 | 302 |
| Belles-Lettres, | 665 | 698 |
| Histoire, | 933 | 953 |

### Jeudi 3.

| | | |
|---|---|---|
| Théologie, | 94 | 106 |
| Jurisprudence, | 171 | 176 |
| Sciences & Arts, | 303 | 327 |
| Belles-Lettres, | 631 | 664 |
| Histoire, | 954 | 974 |

### Vendredi 4.

| | | |
|---|---|---|
| Théologie, | 1 | 13 |
| Jurisprudence, | 177 | 182 |
| Sciences & Arts, | 208 | 231 |
| Belles-Lettres, | 495 | 528 |
| Histoire, | 996 | 1016 |

### Samedi 5.

| | | |
|---|---|---|
| Théologie, | 14 | 46 |
| Jurisprudence, | 183 | 188 |
| Sciences & Arts, | 328 | 351 |
| Belles-Lettres, | 564 | 596 |
| Histoire, | 975 | 995 |

### Jeudi 10.

| | | |
|---|---|---|
| Théologie, | 107 | 118 |
| Jurisprudence, | 189 | 194 |
| Sciences & Arts, | 232 | 254 |
| Belles-Lettres, | 699 | 734 |
| Histoire, | 1017 | 1037 |

### Vendredi 11.

| | | |
|---|---|---|
| Théologie, | 40 | 53 |
| Jurisprudence, | 195 | 200 |
| Sciences & Arts, | 352 | 374 |
| Belles-Lettres, | 735 | 771 |
| Histoire, | 1038 | 1057 |

### Samedi 12.

| | | |
|---|---|---|
| Jurisprudence, | 201 | 207 |
| Sciences & Arts, | 375 | 398 |
| Théologie, | 27 | 39 |
| Histoire, | 1078 | 1099 |
| Belles-Lettres, | 772 | 806 |

### Lundi 14.

| | | |
|---|---|---|
| Sciences & Arts, | 399 | 421 |
| Théologie, | 54 | 66 |
| Histoire, | 1100 | 1120 |
| Belles-Lettres, | 529 | 563 |

### Mardi 15.

| | | |
|---|---|---|
| Théologie, | 119 | 131 |
| Sciences & Arts, | 422 | 446 |
| Belles-Lettres, | 807 | 841 |
| Histoire, | 1121 | 1141 |

Mercredi 16.

| | | |
|---|---|---|
| Théologie , | 132 | 144 |
| Sciences & Arts , | 447 | 471 |
| Belles-Lettres , | 842 | 876 |
| Histoire , | 1058 | 1077 |

Jeudi 17.

| | | |
|---|---|---|
| Théologie , | 145 | 158 |
| Sciences & Arts , | 472 | 494 |
| Belles-Lettres , | 877 | 912 |
| Histoire , | 1142 | 1161 |

Compris les Nos. 20* & 701*.

Nota Les Nos. 634. & 666. ne seront pas vendus.

L'on vendra quelques Livres au commencement de chaque Vacation.